بسم الله الرحمن الرحیم

اللّهُمَ صُلّ عَلی مُحمّد و آل مُحمّد

خنده‌های فالش

(مجموعه شعر طنز)

سعید سلیمان‌پور ارومی
(بوالفضول الشعرا)

انتشارات سوره‌مهر (وابسته به حوزه هنری)

دفتر طنز حوزه هنری

خنده های فالش

(مجموعه‌شعر طنز)

نویسنده: سعید سلیمان پور ارومی (بوالفضول الشعرا)

طراح جلد: امیر نجفی

ویرایش فنی: اکرم دژهوست گنگ

اچ‌انداس مدیا: تحت امتیاز انتشارات سوره مهر
چاپ بر اساس تقاضا: ۱۳۹٤
شابک: ۵ - ۰۲۹۵ -۰۳-۶۰۰-۹۷۸

سرشناسه: سلیمان پور ارومی، سعید
عنوان و نام پدیدآور: خنده های فالش : طنز
مشخصات نشر: تهران : سوره مهر، ۱۳۹۲.
مشخصات ظاهری: ۱۶۰ص.: مصور.

وضعیت فهرست نویسی: فیپا
موضوع: طنز فارسی
موضوع: طنز -- لطیفه
رده بندی کنگره: PIR ۶۳۲۵/ک۹۲۳د۹ ۱۳۹۲
رده بندی دیویی: ۸/۶۲فا۷
شماره کتابشناسی ملی: ۹۳۶۵۲۹۱

نشانی: تهران، خیابان حافظ، خیابان رشت، پلاک ۲۳
صندوق پستی: ۱۱۴۴-۱۵۸۱۵
تلفن: ۶۱۹۴۲   سامانه پیامک: ۳۰۰۵۳۱۹
تلفن مرکز پخش: (پنج خط) ۶۶۴۶۰۹۹۳ فکس: ۶۶۴۶۹۹۵۱
www.iricap.com

تقدیم به مادر مهربانم

که واژه‌ها را فراموش کرده است، ولی خندیدن را نه

سخنی با خوانندگان

با تشکر پیشاپیش از شما خوانندگان گرامی، که ان‌شاءالله حوصلهٔ عظیم به خرج خواهید داد و «خنده‌های فالش» مرا ـ گیرم چند صفحه در میان! ـ خواهید خواند، مشتاقانه منتظرم از نظرات و انتقادات شما عزیزان آگاه شوم.

saeed_urm@yahoo.com
www.bolfozool.com

همیشه شاد باشید و دیگران را نیز شاد کنید.

فهرست

به جای مقدمه ---

از غم و غصه‌ها دیگه پیر شدیم
جون داداش، از جونمون سیر شدیم
دل فلک به حالمون کبابه
اعصابمون خط‌خطی و خرابه!
تو این هاگیر واگیر جنگ اعصاب
زمونهٔ استرس و اضطراب
زیر فشار مشکلات آش و لاش
جون واسه‌مون نمونده جون داداش!
آخه تا کی با شوخی و با خنده
زیر سبیلی دَرکُنه شعر بنده؟
آخه تا کی با این غم نهفته
آخه تا کی با دردای نگفته

آخه تا کی میون غصه‌ها گم
شعرای شاد بگم برای مردم؟
مردمی که با شعر من می‌خندن
در رو به روی غصه‌ها می‌بندن
غم‌های عاشقونه‌مو می‌دونن؟
گریه‌های شبونه‌مو می‌دونن؟
باخبرن از دل ویرون من؟
از خوابای تلخ و پریشون من؟
وقتی آدم اسیر غصه‌هاشه
سخته بیاد قاصد شادی باشه
غصه‌هاشو تو سینه پنهون کنه
اما بیاد لبا رو خندون کنه
وقتی که توی دل اینا رو گفتم
یهو صدایی از دلم شنفتم
فهمیدم این وجدان من دوباره
برای من پیغومی تازه داره:
آی بوالفضول به من بگو چه‌ت شده؟
که حرفات این‌قد متفاوت شده
گیرم که غصه‌هات شدن فراوون
شادی مردم چی می‌شه عزیز جون؟!
اگه هوای دل تو ابریه
قرین بی‌تابی و بی‌صبریه
نذار که آفتابی‌شه توی شعرات
بشکنه بغضت تو گلوی شعرات

خیر سرت شاعر طنزگویی
برای ما خوشمزه چون هلویی
(هلو که نه! چون که با ریش و سبیل
جسارتاً هستی شبیه نارگیل!)
یه مدتی عینهو شکّر شدی
یه کم گذش، برگ چغندر شدی
یه دوره‌ای لایق «ای‌ول» شدی
اما حالا کدوی تنبل شدی
پاشنه‌تو وَربکش بیا تو عرصه
بزن تو کوچه‌های شادی پرسه
کاشکی دلا از غصه‌ها جدا شن
با طنز تو لبا به خنده واشن
درسته که درد و غمات زیادن
دلت خوشه به مردمی که شادن
خنده و شادی هم اگه نباشه
دَرمی‌ره جون، می‌شیم شبیه لاشه!
حرفی بزن که شاد بشه دلامون
وَربپره تموم غصه‌هامون
تا اینا رو شنیدم از درونم
گفتم: الهی درد تو به جونم!
قربون اون صدات، راس می‌گی، آره
حرف حساب می‌گن جواب نداره
حرف حساب تو منو مُجاب کرد
پرسشای مسخره‌مو جواب کرد

حرفای وجدانمو کردم قبول
به لطف حق شدم همون «بوالفضول»
دوباره شوخ و طنزپرداز شدم
باز اومدم رو فرم و طناز شدم
تا آهنگ شادی رو موزون کنم
این خنده‌های فالشو[1] میزون کنم
خنده‌نوازی بکنم روز و شب
با ساز واژه‌ها تو گوشهٔ لب
پس ردِ واژه‌ها رو دنبال کنین
باز بشینین با شعر من حال کنین

۱. فالش: وقتی یک «نت» چمدانش را می‌بندد و از حنجرهٔ «خواننده» عازم سفر «خارج» می‌شود!

به یاد گل‌آقا
به مناسبت ۱۱ اردیبهشت، سالروز آسمانی شدن گل آقا

تو دل پاییزی‌مون مثل بهاری گل آقا
واسه‌مون شکوفهٔ شادی می آری گل آقا
هنوزم باغبون شادی این جماعتی
رو لباشون گل لبخند می‌کاری گل آقا
واسه ایرونی جماعت هنوزم که هنوزه
داداش و قارداش و کاکو و براری گل آقا
شاغلام، غضنفر و ممصادق و عیال، همه‌ش
کارشون بی تو شده گریه و زاری گل آقا
هیشکی نیس که دود بده سبیلای شاغلامو
طفلکی دِپرسه و توی خماری گل آقا
چی بگم آخه به این چن تا عوام بی‌سوات
می‌بینم وقتی که اشکاشونو جاری گل آقا

الکی می‌گن: تو مُردی! ولی من خوب می‌دونم
تو بهشت زنده‌ای و مشغول کاری گل‌آقا
عین اینجا که بودی، با دو کلوم حرف حساب
بازم اونجا هفته‌نامه درمی‌آری گل‌آقا
شنیدم اونجا «عبید» اومده سَردبیرته
می‌گیره کلّی ازت اضافه‌کاری گل‌آقا
واسه اینکه «سوزنی» دسته‌گلی به آب نده
اونو کردی مسئول بخش اداری گل‌آقا
«اشرف‌الدین» تو روابط‌عمومی مشغوله
«دخو» هم تو قسمت حسابداری گل‌آقا
شنیدم فرشته‌ها هی می‌ذارن سربه‌سرت
هی می‌رن می‌آن می‌گن: سوفاف(!) نداری گل‌آقا!؟
می‌دونم توی بهشت سوژه فت و فراوونه
باز قلم دستته دنبال شکاری گل‌آقا
رفقا به پیشوازت اومدن، بهت می‌گن:
می‌دونستیم ما رو تنها نمی‌ذاری گل‌آقا
«فینگیلی»، «زالاس»، «فلانی»، همه یارای قدیم
تو بغل گرفتنت به رسم یاری گل‌آقا
این‌طرف «بلبل گویا» داره چهچه می‌زنه
اون‌طرف بال می‌زنه «خروس لاری» گل‌آقا
توی قاب دل مردم می‌مونه تا به ابد
یاد تو مثل یه عکس یادگاری گل‌آقا
غیر دوری شما تو دلمون ملالی نیس
که اونم با یادتون می‌شه فراری گل‌آقا

به تموم رفقا سلام ما رو برسون
یه سلام پر از وفا و دوست‌داری گل آقا
دستتم که خوب شده، دیگه بهونه نداری
پس فراموشت نشه نامه‌نگاری گل آقا
بیش از این مصدّع وقت شریفت نمی‌شم
قافیه برام آورده «بدبیاری» گل آقا
باس ببخشی که نشد لایق تو شعری بگم
«بوالفضول» موند و یه دنیا شرمساری گل آقا

اسامی مستعار طنزپردازان

فینگیلی: زنده‌یاد مرتضی فرجیان
زالاس: شادروان سید محمد (ناصر) اجتهادی
فلانی: مرحوم استاد ابوتراب جلی
بلبل گویا: مرحوم مهندس محمدعلی گویا
خروس لاری: مرحوم استاد ابوالقاسم حالت
همهٔ این زنده‌یادان توفیقی بودند و بعد گل‌آقایی شدند! جز مرحوم «ناصر اجتهادی» که در اوایل دههٔ شصت به دیار باقی شتافت و عمرش کفاف نداد تا از دیشلمهٔ گل‌آقایی نصیب برد.
عبید و سوزنی: بی‌نیاز از معرفی!
اشرف‌الدین: مرحوم سید اشرف‌الدین حسینی، معروف به «نسیم شمال»
دخو: علّامهٔ فقید مرحوم دهخدا

عشق سرکار

یاد باد آنکه دلم عاشق سرکار نبود
طفلکی از تو و عشق تو سرِکار نبود
شیخ از حال دل من خبری هیچ نداشت
سی‌دی عاشقی‌ام بر سر بازار نبود
نقل مشروح خبرهای دل رسوایم
باعث خجلت گویندهٔ اخبار نبود
عقل گه‌گاه به کار دل من می آمد
این‌چنین از لگد عشق تو ناکار نبود
چَت نمی‌کردم و از خرج نِتم آخر ماه
کیس من در گرو اصغر سمسار نبود
فرت‌فرت از لب لعل تو شکر می‌بارید
رطبی بود ولی موقع افطار نبود![1]

۱. روزه‌دارم من و افطارم از آن ... الخ! ... (شاطر عباس صبوحی)

نرگس مست تو ای دوست تمارض می‌کرد
چشم بیمار تو می‌دیدم و بیمار نبود
می‌نهادم کپهٔ مرگ خودم را راحت
بنده را شب همه شب دیدهٔ بیدار نبود
پیش تو دست و دلم هیچ نمی‌لرزیدند
چون مرا استرس «لحظهٔ دیدار» نبود[1]
رخت اسپورت مرا راحت جان بود و به سر
فکر دامادی و قرض کت و شلوار نبود
در محل، خیر سرم، بچهٔ مثبت بودم
توی جیب بغلم پاکت سیگار نبود
فارغ از شعر و غزل سوت‌زنان می‌گشتم
کار من این همه با کاغذ و خودکار نبود
شاعرم کردی و احسنت که بی‌عشق رخت
هنری از من بی‌عرضه پدیدار نبود

---

۱. لحظهٔ دیدار نزدیک است/ باز می‌لرزد دلم، دستم! ... (اخوان ثالث)

دل عاشق!

دلا به عشق گلی مبتلا شدی در باغ
که بلبل از غم او نعره زد به صوت کلاغ
گلی که بینی او خود مثال دسته‌گلی است
مگر به تیغ پزشکان کند علاج دَماغ
تورم است و گرانی و مشکل مسکن
کنون چه موقع آواز عشق بود، الاغ؟
نخورده بود اگر «قیس» کلّه‌پاچهٔ خر
دگر ز خرگه لیلی نمی‌گرفت سراغ
برای آنکه نه در راه عشق او برود
رویّ قافیه‌مان را نموده‌ایم چلاق(!)
مرا به امنیت اجتماعی‌ام برسان
فدای چشم تو ساقی! بریز چایی داغ
سر قرارِ خیابان نیا نگار عزیز!
شکسته‌دل بشوم بهتر از شکسته‌جناغ
من آنچه شرط بلاغ است با تو می‌گویم
تو خواه از سخنم شرط گیر خواه بلاغ(!)

دور تو بگردم هسته

جان به قربان انرژی تو کردم هسته
تا شوم ذرّه و دور تو بگردم هسته
رونوشتی شده از کیک غنی‌سازی تو
در فراقت بنگر این رخ زردم هسته
دم به دم ورد زبانم شدی و افزون‌تر
یادت آرامش جانم شده هر دم هسته
نفت یا گاز مرا نیست، دمت گرم! بیا
تو مگر گرم کنی خانهٔ سردم هسته
یعنی ای درد و بلایت به سرم، مرحمتی
مرهمی باش و بخور باز به دردم هسته
خواهش من ز تو عمری‌ست که صلح‌آمیز است
چون عمو سام نه دنبال نَبَردم هسته
مرد می‌دانم و پا پس نکشم از میدان
دست بردارم اگر از تو، نه مَردَم هسته
با تو تا قلهٔ توفیق به سر خواهم رفت
جان تو، بنده خودم کوهنوردم هسته

عمر من طی شده در طرح غنی‌سازی طنز
نرسیده است نطنز تو به گردم هسته
چشم بد دور، ببین بنده ز طبع اتمی
توی این شعر انرژیک چه کردم هسته!

زن گرفتن قلی!

خبر نداری حاج آقا! قلی می‌خواد زن بگیره
شما نبودی شب اومد بعله‌شو از من بگیره
به من می‌گفت: آی ننه جون، مام آخه آرزو داریم
یه کاری کن آقا جونم بیاد واسم زن بگیره
هوتن چِش‌دریده هم خواستگار لیلا شده
من بیشینم، نیگا کنم، لیلا رو هوتن بگیره!؟
گرفتم اون شب حالشو، اما سپردم به جوات(!)
این دفه حال نکبتو تو روز روشن بگیره
اطلاعات اگه می‌خواد دختره از اخلاق من
از من خجالت می‌کشه، از آبجی سوسن بگیره
لپّ کلوم، اگه ننه‌ش دختره رو به من نده
سَم می‌خورم، اون وخ باید خونمو گردن بگیره

گفتم: ننه، کفری نشی، ننه‌ش گفته قلی بره
یه دختر کور و کچل، چلاق و الکن بگیره
گفته مگه دخترمو آوردمش از سر راه
که لیلای ماهمو این بی‌عار و چلمن بگیره
درد و بلات توی سرم! آخه ننه‌ت تا کی بره
نشونی دخترا رو از کوی و برزن بگیره
دربه‌در خواستگاری این در و اون در می‌زنم
آقات باید بره واسم کفشی از آهن بگیره
با شاگردی تو بقّالی کسی بخواد زن بگیره
با این تورّم می‌دونی ماهی باید چن بگیره؟
واسه عروس و خواهراش، برادراش، ننه، باباش
هر چی که اونا دوس دارن، هر چی که خواستن بگیره
خرج عروسی به کنار، فردا باید واسه زنش
چادر و کفش و روسری، بلوز و دامن بگیره
بعد عروسی هم باید گیوه‌هاشو وربکشه
برای زندگی بره خونه و مسکن بگیره
چن‌صد تومن پیاده شه، ماهی واسه یه لونه موش
یه خونهٔ اجاره‌ای تو سولقون و کن بگیره
بعدش باید زی‌ذی بشه، به دستای مبارکش
جارو و رخت و قابلمه یا نخ و سوزن بگیره
بچه‌ها که شدن ردیف می‌آد خرج کتاب و کیف
باید که هر سال براشون شلوار و پیرهن بگیره
روی سرش قطارقطار هوار می‌شه قوم تاتار
اون‌وَخ باید روزی سه بار برنج و روغن بگیره

هر کسی طالب زنه، اما بدون اسکنه
باید که از مخش ننه، یک سیتی‌اسکن بگیره ...

اون‌قده گفتم که قلی زهره‌ترک شد حاج آقا
سراغ لیلا رو دیگه بعد از این عمراً بگیره ...

سرشماری

خبر آمد که قرار است سری بشمارند
هر سری را به حساب نفری بشمارند
سر ما گر نشمردند، فدای سر تو
نه قرار است که بی پا و سری بشمارند
دربه‌در آمده‌اند از پی احصای نفوس
نه روا همچو من دربه‌دری بشمارند
ترسم این طوطیکان زبل آماری
آن لب لعل تو، تُنگ شکری بشمارند
یا نگردند پی ماه فلک سر به هوا
روی تو دیده و قرص قمری بشمارند
این زمان دیو و دد افزون شد و خارج ز شمار
صعب‌کاری است که جنس بشری بشمارند

با چراغ ار نشود یافت به شهر انسانی
دد و دامی در کوه و کمری بشمارند
یا که آمارگران سوی رقیبم بروند
سر آدم چو نشد، کله‌خری بشمارند
یا بیایند و در این شهر درندشت و شلوغ
آنچه دیدند ز هر خیر و شری بشمارند
دود خارج‌شده از اگزوز خودروها را
جان‌فزا همچو نسیم سحری بشمارند
غلغل جوب خیابان که دلی پر دارد
بدل از زمزمهٔ جوی و جری بشمارند
شهر تا زلف ترافیک به دوش اندازد
حالتش چون صنم عشوه‌گری بشمارند
در خم زلف پریشان و گره در گرهش
گاه رانندهٔ خونین جگری بشمارند
نظری کرده بر این جنگ ترافیک و سپس
ضربه‌های سپری بر سپری بشمارند
یا دمی جانب مسئول فرا گوش دهند
گفته‌اش را سند معتبری بشمارند
موقع نطق اگر گاف دهد در آمار
سوتی مختصر و بی‌ضرری بشمارند
داستان‌های تریبونی نقّالان را
بهر خشنودی طفلان سمری بشمارند
وعده‌های سر خرمن که به مردم بدهند
زادهٔ باد و هبا و هدری بشمارند

حرکاتم اگر افتاد چو شعرم موزون
مغرضان حالت قر تو کمری بشمارند
بس که زی‌ذی شده‌ام خواهم از ارباب امور
ماده‌آهوی مرا شیر نری بشمارند
بوالفضول الشعرا هستم و خواهم شعرا
سخن یُبس مرا شعر تری بشمارند
دارم امید به تاریخ ادبیات مرا
شاعر خوش‌سخن و ناموری بشمارند

شعر صادراتی

به مناسبت روز صادرات

هر چه در صنعت کنم ایجاد صادر می‌کنم
یا هر آنچه گیر من افتاد صادر می‌کنم
ابتکار من نگر کز بهر رشد صادرات
ارز را با قیمت آزاد صادر می‌کنم
از جمال خود به چشم خلق اینک سال‌هاست
جلوه‌های حسن مادرزاد صادر می‌کنم
ظرف چینی را به «چین» و تمرهندی را به «هند»[1]
قلب خودرا هم به «عشق آباد» صادر می‌کنم
گویمش: «یارا، ز خود جور و جفا صادر نکن!»
با غضب گوید: «دلم می‌خواد(!) صادر می‌کنم!»
کارمندم، واردات معده‌ام باد هواست
باد را هم، هر چه بادا باد! صادر می‌کنم

۱. تمبر هندی(!) هم می‌نویسند.

خلق را «ارشاد» تا ارشاد فرهنگی کند
یک مجوّز ویژۀ ارشاد صادر می‌کنم
واردات حرف مفت از من گرفته رونقی
آنچه شد بر مصرفم مازاد صادر می‌کنم
گاه چون «شورای حکّام» از پی تضییع حق
حکم‌های کذب و بی‌بنیاد صادر می‌کنم
لعن و نفرین را به همراه کمی عقل و شعور
سوی «بوش»، این عامل بیداد، صادر می‌کنم
تا «تپیدن‌های دل‌ها ناله» گردد وقت نیست
مستقیماً از گلو فریاد صادر می‌کنم![1]
چند سالی تا که خوش باشند با حرف و شعار
بر ممالک «دوم خرداد» صادر می‌کنم
می‌شوم مسئول و گاهی از تریبون بهر خلق
وعده پشت وعده، یعنی باد، صادر می‌کنم
صادراتُن صادراتُن صادراتُن صادرُن(!)
در عروض از خویش استعداد صادر می‌کنم
بوالفضول شاعران هستم که با طنزی لطیف
سوی دل‌ها لحظه‌هایی شاد صادر می‌کنم ...

---

۱. تپیدن‌های دل‌ها ناله شد آهسته‌آهسته
رساتر گر شود این ناله‌ها فریاد می‌گردد (فرخی یزدی)

آل خلیفه!

پنداشتی آدم شده‌ای آل خلیفه!؟
شیطان مجسم شده‌ای آل خلیفه!
محصول دَمِ غرب تویی بادکنک شاه
آمیز قشمشَم شده‌ای آل خلیفه
از عقل نحیف آمده‌ای، لیک چه فربه
از گردن و اِشکَم شده‌ای آل خلیفه
هر بار که شیطان به سواری شده مایل
در محضر او خم شده‌ای آل خلیفه
یابوصفتی، شاخ و دمی هم که درآری
حیوان مسلّم شده‌ای آل خلیفه
روزانه به وحشی‌گری بُلعجب خویش
چندی‌ست که ملزم شده‌ای آل خلیفه

بحرین دو دریاست، یکی اشک و دگر خون
خون‌ریز دمادم شده‌ای آل خلیفه
«مَن یُفسِد و یَسفِک»، که ملَک گفت، تو بودی
خجلت‌دهِ آدم شده‌ای آل خلیفه
تو غرّه به سفّاکی و عالم همه داند
بدبخت دو عالم شده‌ای آل خلیفه
این است رکورد تو که از اسفل سافل
صد مرتبه هم کم شده‌ای آل خلیفه
ای شوم‌تر از نحرکنِ ناقهٔ صالح
چون زادهٔ مُلجم شده‌ای آل خلیفه
هتّاک به قرآنی و ویرانگر مسجد
کافرصفت از دم شده‌ای آل خلیفه
هیهات حسینی به لب خلق و تو غافل
از شور محرّم شده‌ای آل خلیفه
وقت است ببینیم که با آل سعودت
واصل به جهنم شده‌ای آل خلیفه

هلال مه شوّال

جانم به فدای تو، هلال مه شوّال
خلقی ز پی دیدن رویت شده «آنکال»!
یکهو نکند ترک کنی شیوهٔ معهود
خارج شوی از شرع نبی، روم به دیفال(!)
این معدهٔ ما منتظرالخدمت فطر است
پس آی سر وقت و نکن این همه اهمال
از روزهٔ سی روزه شدم چون تو هلالی
تأخیر تو کم مانده سجلّم کند ابطال
هر کس نظری می‌دهد از وقت طلوعت
دیری‌ست که فکر همه را کرده‌ای اشغال
در کوچه زنان در پی تحلیل سماوی
«گلچهره» منجّم شده و «آسیه» رمال

امشب ز پی رؤیت تو رفت لب بام
سُر خورد و بیفتاد و سقط گشت مش اِسمال
کاری نکن ای ماه که آیم ز پی جنگ
با چشم مسلح‌شده، دوربین دیجیتال
سجاده رود توی کمد چون تو بیایی
ای بس برکاتی که تو را هست به دنبال!
قرآن را چون ختم نمودند به یک ماه
بر مِصطبهٔ طاقچه آرند به اِجلال
متروک شود با تو حدیث همه طاعات
موقوف شود با تو حدوث همه اعمال

●

تا جمعه اگر لِفت دهی آمدنت را
یک روز ز تعطیلی ما کم شود امسال
واکُن گره از ابروی خیل شکموها
ابرو بنما در فلک ای نازکِ باحال

غزل پوست مدرن ۱

تو تلپ من تلپ ته کافه، عطر یک بوسه در جوارح من
تق‌تق ضربه‌ای به درب موال، اِهه[۱] ... تو ـ بعد لحظه‌ای ـ اِهه ... من!
ـ مرگ بر موش! ـ مرگ موش کجاست؟ منم آن موشکی که
می‌مرگم
گربه بی شورت می‌دود سویم،[۲] و یکی قهقهه هه‌هه ... هه‌هه من!
روز اول: «لافارماسیا» ـ «هولا!» ـ «سینیوریتا سی سی‌سی؟» ـ
«سی ... سی!»[۳]
بعد تحلیل من ز «لالیگا»
و چنین می‌شوی تو واله من!

۱. سرفهٔ تحذیر! (با صوت طبیعی ادا شود.)
۲. در رؤیاهای مرد مرده همیشه بچه‌گربه‌ای به سویش می‌دوید و از او دور می‌شد. (جی. اف. هالوسکی)
۳. ترجمهٔ فارسی از اسپانیولی!: «روز اول در داروخانه! ... ـ سلام ـ ۳۰ سی‌سی بدم دوشیزه؟ ـ بله ... بله!»

گاوِ خر، چشمِ خوک، گوش منم،[1] هندوی بی‌کلاس، آدم باش!
(... که شدم لهَ به زیر سُم‌هایم، گند زد باز لاشهٔ له من!)
باز هم روی برج میلادم، دست در دست مرگ می‌رقصم
می‌زنی داد: پر بزن یابو! پاسخ من، سه نقطه ... [خر خودتی!]
تو تلپ من تلپ به گوش به گوش، گوشوار تو از لبم آویخت
آخرین لحظه گوشی‌ات نالید، جان به در بردی از سوانح من

۱. اقتباسی آزاد از مصرع:
«جوجه خره گاو منه ...»

غزل پوست مدرن ۲

مردهٔ شور، مردهٔ شیرین، مردهٔ تفت‌داده با کفگیر
شور این مرده را درآوردی، برو ای مرد مرده‌شور بمیر
پوزخندی بزن به معدهٔ خود، پوز این خنده را بزن دلقک
معدهٔ گازسوز سیری چند؟ تف بر این چند و چون معدهٔ سیر
توی این ساک در سکوت تمام سوسک فریاد می‌زند: سُک‌سُک!
گرچه کک مرده توی تنبانم، توی شلوار جین من یک جیر ↓
ـجیرک لال می‌زند گیتار، سفر آغاز می‌شود این‌سان
ایستگاه از قطار می‌گذرد ... و تو خنگول، توی کوپه اسیر
باز هم پنج خط حامله‌ام سر زا می‌روند گام به گام ...
حال «پا ـ گا ـ نی‌نی»[1] ندارم آه، آل اِرکسترال، حال نگیر!
باز هم «هشت و نیم» نیمه‌شب است، «فِدِریکو»![2] بیا سر صحنه

۱. Nicolo Paganini آهنگ‌ساز معروف ایتالیایی قرن نوزده.
۲. Federico Fellini و «هشت و نیم»اش.

[«حرکت ـ دوربین ـ صدا □!» O, God!]
قلب من توی کیسه‌ای دم در ... و یهو فیکس می‌شود تصویر
حال اسپایدرمنی دارم،[1] به «تو» این «من» چقدر می‌چسبد
می‌تنم بر تنت تنا تن تن، این منم عنکبوت شاعر و پیر
دل من مورس می‌زند امشب: توتو ـ تو ـ تو فقط توتو ـ تو ـ تو
«تو» فقط «تو» چه واژهٔ نازی! جگرت را بخورم «ضمیر»![2]
ـ «می‌شه من عاشقت بشم خانم؟!» عشق در کوچه نرم می‌لغزد
ـ «یخ کنی، خاک بر سرت میمون!» ... می‌شود آب روی من تبخیر
روی میز توالتت[3] هر شب یک رُژ دل‌شکسته می‌ری ...
می‌زنی رُژ به روی تصویرت، آینه می‌زند کهیر کهیر
ترس از آن چشم قهوه‌ای دارم، آه، ای فالگیر، می‌میرم
ریسمانی بیار لاکردار! فال من کرده توی فنجان گیر
نصفه‌شب در اتاق می‌رقصند، استکان عرق، ورق ... شترق ...
این صدای شکستن سیلی است ... (ننه[4] خوابانده بیخ گوش حقیر!)

---

1 .SpiderMan

۲. شکست وزن آگاهانه و از روی هیجان شاعر است.

3. Toilet

4. Mom, Mommy

شعر ترسناک

شکسته بادبانم، از هجوم باد می‌ترسم
به کشتی ـ بی‌خیال دال ـ چون سَنباد(!) می‌ترسم
نمی‌ترسی نترس، اینجا دموکراسی بوِد حاکم
نگو هی: از چه می‌ترسی؟ دلم می‌خواد، می‌ترسم
مرا دیدی، زدی فریاد: او مای لاو! می‌آیی؟
تو را دیدم زدم فریاد: او مای گاد! می‌ترسم
(چه فریادی؟ چه کشکی؟ من که فریادم نمی‌آید
که من در موقع ترس از خود فریاد می‌ترسم)
در اکشن‌های دیروزی چنان غرقم که امروزه
ز جمشید آریا حتی سعید راد می‌ترسم
دوباره در دلم جا کرده ترس از ارتفاع اینک
که از معشوق بالای یک و هشتاد می‌ترسم

سیه‌چشم و کمرباریک هم گر بود، واویلا
نمی‌دانم چرا از این قبیل افراد می‌ترسم
نپرس از من: چرا در کیش زی‌ذی‌مسلکان باشی؟
مگر من نیستم «کیشی»، خب از «آرواد» می‌ترسم
مرا دیسک کمر باشد، از آن در مجلس شادی
ز شش هشت و عموماً ریتم‌های شاد می‌ترسم
تویی پردل که مشتاق گروه راک «ایگلز»ی[1]
منم بزدل که از گنجشکک فرهاد می‌ترسم
ندارم اعتیاد، اما ز شوق شربت تریاک
از اینکه ناگهان روزی شوم معتاد می‌ترسم
اگرچه مدتی قر داد و بعداً باد او خوابید
هنوز از عشوه‌های دوم خرداد می‌ترسم
اگرچه نیمهٔ پنهان من پاک است و باکم نیست
هنوز از لحظهٔ رو کردن اسناد می‌ترسم
منم عشق تریبون و کف و سوت شما، اما
از ایراد سخنرانی پر ایراد می‌ترسم
اگرچه توی شعر من عدالت می‌کند بیداد
من از این داد هم ـ ای داد و ای بیداد ـ می‌ترسم
دلم خواهد شود آزاد، اما دیده‌ام گوید:
من از خنجر که نیشش باشد از فولاد می‌ترسم
نشد شعرم شود جفت سیاست چون به هر بیتی
عروس طبع من زر زد که از داماد می‌ترسم

۱. Eagles ـ عقاب‌ها ـ گروه معروف موسیقی راک در دههٔ هفتاد میلادی.

نصف‌النهار حسن

ای خُرّم از خَرام خَرت لاله‌زار حسن
کمتر بتاز چون که درآمد دمار حسن
هر کس ز بهر دیدن روی تو ایستاد
بنشست و کرد فاتحه‌ای را نثار حسن
چشمان تو به پیش دماغ رشید تو
همچون دو چاله‌اند کنار منار حسن
از گیسوی دم اسبی تو رم نمود خر
از دل کشید عرعر و شد بی‌قرار حسن
از خط استوای لبت گرم شد سخن
کان بر رخت کشیده شده چون مدار حسن
هنگام صحبت آب دهان می‌فشانی‌ام
به‌به از «آبیاری تحت فشار» حسن

ای شرق و غرب صورت تو حسن بی‌بدیل
ای بینی دراز تو نصف‌النّهار حسن
یا نه ... غلط فتاد؛ دماغ مبارکت
شمعی‌ست روی گورِ ... (ببخشین!) ... مزار حسن
در آغل جمال تو خر غلت می‌زنم
ای زلف همچو شبدر تو یونجه‌زار حسن
از جوش‌های صورت خود این‌قدر مجوش
چون جوش کرده بر رخ تو جوش‌کار حسن
عینک زدی به چشم و درآمد به جلوه‌ای
با چار چشم صورت تو چشم و چار حسن
چشم عدس‌مثال تو از دیس صورتت
انگار گم شده است در این گیر و دار حسن
(شاعر، نگویم اینکه ردیفت به‌روز کن
یک «خوشگلی» بیار اقلاً کنار حسن!)
گل را تریپ خوشگلی‌ات خوار می‌کند
گل کرده از تو در دل او «خارخار» حسن
ای بوالفضول، بس کن و بر حسن کم بپیچ
با شعر خویش کم نکن از اعتبار حسن
کن اقتدا به صورت ماهت که آن شکیل
عمری نداشت جان تو کاری به کار حسن

یار ملوس

آن شب که ملوسانه به ما زُل زده بودی
با شوت نگاهت به دلم گل زده بودی
اما چه گلی! چون که کمک‌داور انصاف
پرچم زده بوده است که با فول زده بودی
دردا دل من واشُد از آن سنبل زلفت
یعنی گره عاطفه را شل زده بودی
قربان دماغت که از آن سرو خمیده(!)
از چشم الی چانهٔ خود پل زده بودی
بر حمل چنین بار گرانت نظری بود
گه‌گاه اگر لاف تحمل زده بودی
بس کن دگر ای شاعر بی‌مخ، که مخم را
زین شعر تیلیت کرده و بالکل زده بودی

یک تار از آن زلف شویدانه ندیده
عمری سخن از سوسن و سنبل زده بودی
از جیغ بنفشش همه‌کس زهره‌ترک بود
اما تو دم از نغمهٔ بلبل زده بودی
یک عمر سرودی که بشر یا قمر است این؟
«عارف» ز چه خود را به «تجاهل» زده بودی!؟
«داروین» اگر یار تو می‌دید در این شکل
او را مثَل از بهر تکامل زده بودی!
لیکن دم تو گرم که بر تارک وبلاگ
هر شعر زدی ترگل و ورگل زده بودی

پندنامه

تا صاحب ملک و پله و پول نباشی
در دیدهٔ کس لایق و مقبول نباشی
هشتت گرو نه بُوَد ای دوست اگر تو
در داد و ستد آخر بامبول نباشی
با حقه چو بارت برسد سهل به منزل
منّت‌کش بازو و کت و کول نباشی
منقول نشو منگل و ابله به حکایات
تا در شکم گرگ چو منگول نباشی
باید که در این زندگی دوز و کلک بار
با گول زدن سعی کنی گول نباشی
با کید و ریا نرم بزن پنبهٔ کس را
تا تا بلو از بستن ششلول نباشی

نشنو سخن کس که به انصاف‌گرایی
آن به که به این مضحکه مشغول نباشی
کر بودن آدم همه از لطف الهی است
گیرم که تو کر باشی و مسئول نباشی
کژ باش و کژاندیش و گریزان ز صداقت
زنهار که سرگشته چو شاغول نباشی!
پا بر سر مظلوم نه و پیش‌رَوی کن
هشدار که غم‌خوار شل و شول نباشی
گیرم که تو را قدرت آرنولد نبود هست
حیف است در این معرکه هرکول نباشی
ای شاعر، از این قافیه و وزن رها شو
تا بندی این شیوهٔ معمول نباشی
خوب است کمی نیز چنان خیل مدرنان
دربند مفاعیلُ مفاعول(!) نباشی
معنی و لطافت چه کسی گفت که اصل است؟
بگذار بر این قاعده مشمول نباشی
بگریز ز غم‌ها که در این عمر دو روزه
خوش نیست که خوش‌خنده و شنگول نباشی
با خنده به درمان دل غمزده برخیز
تا دلزده از شربت و کپسول نباشی

ترانه‌گو

گفتم ترانه‌ای و جهانم به کام شد
شعرم انیس و مونس ریم دام دارام شد
بر پنج خط حامل موزیک خط کشید
بر روی گام گام زد و بی‌لگام شد
در بیت‌بیت بنده به پا شد تحولات
عمر کلیشه‌های قدیمی تمام شد
یک مصرعش: «چشات چه قشنگه جیگر طلا!»
آن دیگری: «شراب لبت رو می‌خوام!» شد
هر جا ترانه‌های مُکش مرگ من رسید
خلقی ز ذوق سکته زد و قتل عام شد
موسیقی بدون کلامی نیافتم
الا که شعر خوشگلم آن را کلام شد

شش قطعه را داداش خودم خواند و یک‌شبه
در کلّ شهر صحبت «دی جی غلام» شد
(البته قبل نشر کاست ـ بنده شاهدم ـ
اجرای آزمایشی‌اش در حمام شد!)
استاد هم یکی دو ترانه ز بنده خواند
یعنی ز بعد مخ‌زنی بنده خام شد
آن دلبری که بود جفاکار شد مدرن
ظرف سه سوت خوشگل شیطون بلام شد
آن مورد قدیمم اگر بود بی‌وفا
این مورد جدید من اِند مرام شد
حیف از نبوغ طبع من خُل که بی‌جهت
در پای عشق دلبر اُمّل حرام شد

●

وقت سحر بداهه غزل گفتنم گرفت
تا هفت بیت آن بکنم جور شام شد!

شعر مجازی

عمری‌ست در اینترنت و دنیای مجازی
گردیم پی یار دلارای مجازی
هر «اسل» که «اِف» داشت دگر تیکهٔ اصل است
ما را بکند واله و شیدای مجازی
پی‌ام بفرستیم و نویسیم که یارا
ما را بنگر غرق تمنای مجازی
بس بوس مجازی که ستانیم گه چَت
از صورتک بوسه به لب‌های مجازی
از چشم و دماغ و دهن خویش بگوییم

....

وقتی که میان من و یارم شکرآب است
ناگه شود از خشم هیولای مجازی

گردد هکر و حک بکند مُهر هکش را
بر آی. دی بنده به دعوای مجازی
یا سیستمم را بکند طعمهٔ ویروس
ویروس نه ... اردنگی و تیپای مجازی

●

شد خرج نِت و قبض تلیفون سر هر ماه
از بنده درآرندهٔ بابای مجازی
ساقیِّ مجازی به در میکدهٔ نِت
در فولدر من ریز ز صهبای مجازی
ای داد از این چَت که همه شعبده‌بازی‌ست
کلثوم حقیقی شده ویدای مجازی
اکبیری محض است، ولی محض دل یار
یک چند شده دلبر زیبای مجازی
این شعبده بنگر که چهل ساله غضنفر
گردیده دو ده ساله مریلای مجازی
«دیوید کاپرفیلد» در این عرصه شده سوسک
دِپرس شده از این همه همتای مجازی
آن عشق مجازی که بگویند همین است
احسنت بر این اسم و مسمای مجازی

●

از یار مجازی چقدر روده‌درازی؟
بس کن دگر ای شاعر رسوای مجازی!

دروغ‌های شاعرانه

اگر ما را شب یلدا بلند است
ز یاد زلف آن بالابلند است
چو این مطلع سرودم کیف کردم
که این مضمون بی‌همتا بلند است
به ناگه داد وجدانم درآمد:
که داد من از این کارا(!) بلند است
چقدر آخر دروغ شاعرانه
صدای کوسَت ای رسوا بلند است
تو خود خندان و از هجر دروغین
ز شعرت آه و واویلا بلند است
نباف این‌قدر از بالابلندت
صد و پنجاه سانت آیا بلند است؟!

بیا این خطکش و آن زلف یارت
نه من گویم، توخود گو! ... ها! ... بلند است؟!

●

مگر مبهوت شعر بوالفضولی
که دود از کله‌ات یارا بلند است؟!
هر آن آتش که از حسن تو برپاست
بدان از گور این بابا بلند است
همه محصول خالی‌بندی اوست
گر این آوازه در دنیا بلند است

●

الا ای طنزگوی همچو مانکن
که قدّ سروت از پهنا بلند است
برو پند «نظامی» گوش می‌کن [1]
اگر فکرت چو طبع ما بلند است
مپیچ ای «بوالفضول» این قدر در شعر
زبان کذب در آن تا بلند است
از این «اکذب»سرایی‌هاست کاکنون
دماغ کل شاعرها بلند است

---

۱. در شعر مپیچ و در فن او
چون اکذب اوست احسن او (نظامی)

چارشنبه‌سوری

انگاری غلغلهٔ محشره چارشنبه‌سوری
گوشم از بمب و ترقّه کره چارشنبه‌سوری
از اراذل خیابونا همگی محشر خر
لات و لوت بازار و خر تو خره چارشنبه‌سوری
«آی ... نفس‌کش!» می‌گن و چاقو و ساطور می‌کشن
گفتمان قمه و خنجره چارشنبه‌سوری
وای به حالش اگه رانندهٔ مادرمرده
از خیابونی بخواد بگذره چارشنبه‌سوری
شیشه‌هاش خرد و سپر کَنده، اتاقش داغون
چار تا چرخ اتولش پنچره چارشنبه‌سوری
رسم خیلی خوبیه، اگه خرابش نکنیم
هی نگو باعث شور و شَره چارشنبه‌سوری

دست هم رو می‌گیرن از روی آتیش می‌پرن
الفت بین زن و شوهره چارشنبه‌سوری
ننه صغری به آق اسمال، پسرش، می‌گه: ننه
واسه من فشفشه یادت نره چارشنبه‌سوری
بی‌عصا روزای دیگه نمی‌تونه را بره
جلدی از روی آتیش می‌پره چارشنبه‌سوری
تو نود سالگی بسته چادرو دور کمر
واسه قاشق‌زنی پشت دره چارشنبه‌سوری
شب همه اهل محلّه می‌ریزن تو کوچه‌ها
شور و شادی دور هم بهتره چارشنبه‌سوری
«بوالفضول الشعرا،» بسّه بابا! کوتا بیا
غزل این شکلی دیگه نوبره چارشنبه‌سوری
یه سال از شعرای لوسِت مخ مَردم ترکید
خوبه که این غزل آخره ... «چارشنبه‌سوری» ...

شاهد آف‌لاین!

با اجازهٔ حافظ

شاهد on نیست!... که مویی و میانی دارد؟
بندهٔ طلعت آن باش که onی دارد
شاهد on نیست ... که pm بفرستد ما را؟
یا که از ID بنده نشانی دارد؟
شاهد off است و ز مو یا ز میانش چه ثمر
چون که بی webcam خود روی نهانی دارد
ای خوش آن دوست که با میل و مسنجر همه شب
خوش‌تر از باد صبا نامه‌رسانی دارد
خرّم آن کس که به دور از نظر کاربران
بهر چَت کردن خود دنج‌مکانی دارد
یا که با دلبر دل‌خواسته‌ای دورادور
خلوتی خواسته در نیمه‌شبانی دارد
یا که از صورتک بوسه به هنگامهٔ چَت

گاه و بی‌گاه لب بوسه‌ستانی دارد
انفعالاتی اگر گشت پدید از چَت او
با نگاری فعلاتن فعلانی دارد

●

دوش دیدم که به جنّت بنشسته‌ست عبوس
«خواجه» در زیر لبش آه و فغانی دارد
گفتمش خواجه بگو این همه اندوه ز چیست
ای که اشعار تو از غیب لسانی دارد
بکشید آهی و فرمود که: خیل شعرا
بوالفضول الشعرا نام جوانی دارد
قصد دیوان مرا کرده و پنداشته است
این روانی به عبث طبع روانی دارد
چون خدا روز قیامت به حسابش برسد
بنگر او را که چه جزغاله‌زبانی دارد
بوالفضولی گر از این است که ایشان دارد
باغ طنز از دم او طرفه‌خزانی دارد
گفتم: ای طوطی حق، نادرهٔ دوران‌ها
ای که هر بیت تو در خویش جهانی دارد
صاحب سفره تو هستی و از این بیش مرنج
سائلی گرسنه گر دیده به خوانی دارد
بوالفضولانه پی شادی خلق است و به کف
بهر تاراندن غم تیر و کمانی دارد
بی‌امان هر که امان غم مردم ببُرد
از غم و دلهرهٔ حشر امانی دارد

زی‌ذی‌نامه

با اجازه رضی الدین آرتیمانی

الهی به مردان در خانه‌ات
به آن زن‌ذلیلان فرزانه‌ات
به آنان که با امر «روحی فداک»
نشینند و سبزی نمایند پاک
به آنان که از بیخ و بن زی‌ذی‌اند
شب و روز با امر زن می‌زیند
به آنان که مرعوب مادرزن‌اند
ز اخلاق نیکوش دم می‌زنند
به آن گردگیران ایام عید
وانت‌بار خانم به وقت خرید
به آن شیرمردان با پیشبند
که در ظرف شستن به تاب و تب‌اند

به آنان که در بچه‌داری تک‌اند
یلان عوض کردن پوشک‌اند
به آنان که بی امر و اذن عیال
نیاید در از جیبشان یک ریال
به آنان که با ذوق و شوق تمام
به مادرزن خود بگویند: مام
به آنان که داماد سرخانه‌اند
مطیع فرامین جانانه‌اند
به آنان که دارند با افتخار
نشان ایزو ... نه! «زی‌ذی نه‌هزار»
به آنان که دامن رفو می‌کنند
ز بعد رفویش اُتو می‌کنند
به آنان که درگیر سوزن نخ‌اند
گرفتار پخت و پز مطبخ‌اند
به آن قرمه‌سبزی‌پزان قَدَر
به آن مادران به‌ظاهر پدر
الهی به آه دل زن‌ذلیل
به آن اشک چشمان «ممّد سبیل»
به تن‌های مردان که از لنگه کفش
چو جیغ عیالاتشان شد بنفش
که ما را بر این عهد کن استوار
از این زن‌ذلیلی مکن برکنار
به زی‌ذی جماعت نما لطف خاص
نفرما از این یوغ ما را خلاص

رستم و سهراب به روایت گردآفرید!

چند سال پیش، وقتی اولین نقال و شاهنامه‌خوان زن ایرانی ـ بانو گردآفرید ـ شروع به کار کرد، عده‌ای بر این باور بودند که روح حماسی نقالی با روح لطیف نسوان سازگار نیست و حس و حالی در مخاطب ـ البته حس و حالی که مورد نظر است! ـ به وجود نمی‌آورد. بنده برای رفع این مشکل حماسه را اندکی تلطیف کرده‌ام؛ هم محتوایش را هم وزنش را.
پس این شما و این هم نبرد رستم و سهراب به روایت گردآفرید:

چنین یاد دارم که گوشم شنید
مر این داستان را ز گردآفرید:
چو خورشید در آسمان سَرکشید
سیه‌زاغ ـ خاک تو سرش ـ پر کشید
تهمتن سوی آینه شد روان
پس آن‌گه بپوشید ببر بیان
دو دوری بچرخید و خود را بدید
«چه خوشگل شدم!» گفت و از جا پرید

در آن آینه عکس خود بوس کرد
خودش را برای خودش لوس کرد
سبیل خودش را بسی شانه زد
به زیر بغل نیز افشانه[1] زد
نهاد آن یل نامی و تاج‌بخش
یکی چارپایه به نزدیک رخش
سوارش شد و بعد ویراژ داد
به جولان هوای درساژ[2] داد
از آن‌سو شنو حال سهراب یل
که در خوشگلی بود ضرب‌المثل
درآورد سهراب تی‌شرت بزم
پس آن‌گه بپوشید خفتان رزم
بر آن زلف عقرب بمالید ژل
بزد تیر مژگان خود را ریمل
دو ساعت جلو آینه ایستاد
به موهای زیباش حالت بداد
بگفتا که امروز با ماست شانس
به میدان سپس رفت با یک آژانس
دو خوشگل به ناز و ادا و قمیش
به میدان رسیدند با ایش و ویش
خرامان دو یل پیش هم آمدند
و با غمزه مشغول کل‌کل شدند
چنین گفت سهراب یل: کای خرفت

۱. افشانه: در آن روزگار به «اسپری» اطلاق می‌شد.
۲. دِرساژ: به حرکات موزون اسب هنگام طی طریق می‌گفتند.

کنون مرگ آمد خِرت را گرفت
بگویی اگر حرف بی‌تربیت
همین‌جا جِرَت می‌دهم از وسط(!)
تهمتن بشد قرمز و گفت: وا!
چه حرفای زشتی! پنا بر خدا
چرا گرد و خاک این وسط می‌کنی؟
منو جر بدی؟ ... تو غلط می‌کنی!
جلو رفت رستم ورا کرد اَخ
دماغ حریفش کمی گشت پخ
بزد جیغ: مُردم! کجایی ننه؟
بیا! این هیولا منو می‌زنه
برو گم شو اکبیری بی‌کلاس
که ایران و توران همه‌ش مال ماس
در این بین و در حیص و بیص نبرد
تهمتن دوباره یکی حمله کرد
کشید آن زمان گیس سهراب را
بیاورد بر چشم او آب را
سپس یک لگد زد به ساق جوان
که اشک از دو چشمان او شد روان
سُهی چون که این ضربه خورد از رُسی
بگفت: این تویی یا «پائولو روسی»؟![1]
جلو رفت سهراب یل سوی او
گرفت از تهمتن لُپِ چون هلو

۱. Paulo Rossi از سرداران پا به توپ روم باستان، در ۱۹۸۲ سال قبل یا بعد میلاد!

یکی نیشگون از لُپانش گرفت
تو گویی که از درد جانش گرفت
چنین گفت رستم به هول و ولا:
عجب ناقلایی تو شیطون بلا!
به ناگاه خم شد به روی زمین
درآورد کفش خودش را به کین
بزد بر ملاجش یکی لنگه کفش
که شد قسمت عمدهٔ آن بنفش
بشد ضربهٔ مغزی آن پور پاک
ولو گشت حیوونکی روی خاک
بگفتا: نشونت می‌دم ای خشن!
الهی تو چشمات بره خاک و شن
ز بچه‌محل‌های ما یک نفر
برد سوی رستم از اینجا خبر
که ای آقا رستم بیا زود باش
که سهرابتو کرده‌اند آش و لاش
چو رستم شنید این یهو جیغ کشید
یقه هفت پیراهنش را درید
بزد چنگ بر لپ که رستم منم
الهی خدا بشکنه گردنم
بگفتا: بابایی، منم پور تو
چرا وانکردی چش کورتو؟
پی کشتن پور خود آمدی
دیگه با تو قهرم ... تو خیلی بدی

به مامانی خود نگفتم اگر
یه آشی برایت نپختم(!) اگر
بزد جیغ رستم: از این فعل بد
ایشالّا(!) خداوند مرگم دهد
اوا خاک عالم!... تو هستی بابا؟!
بمیرم الهی! نگفتی چرا؟
چو گریید آن شبه «لی وان کلیف»[1]
کلینکسی آورد بیرون ز کیف
کلینکس را اول از هم گشود
سپس از دل و جان یکی فین نمود
ز فین‌فین رستم در آن پهن‌دشت
«زمین شش شد و آسمان گشت هشت»!
چو «وی جی»[2] در آغوش گرم پدر
برفت این چنین جان سهراب در!

۱. Lee van cleef از «بد»های معروف و جیره‌خوار «سر جو لئونه».
۲. وی جی: وی جی بن اِشوینی، مقتول به دست پدر در دیار هندوستان، که فردوسی و گردآفرید بخش پایانی داستانشان را از سرنوشت او اقتباس کرده‌اند!

ای نامه ---

ای نامه که می‌روی به سویش
صد سال دگر رسی به کویش
کز طالع نامبارک توست
افکنده شدی به باجهٔ پست
صد سال دگر عزیز جانم
البته «اگر» عزیز جانم
بر دست مبارکش رسیدی
یک شمّه بگو از آنچه دیدی
تا واکردند پاکتت را
بگشای زبان ساکتت را
یک شمّه ز دورهٔ کهن گو
از دور و زمان ما سخن گو

از شرکت پست و پیشتازش
یا از وزرای سرفرازش
گو از خدمات رنگ‌رنگش
از سود و درآمد قشنگش
یادی بنما ز نرخ‌هایش
از تعرفه‌های پربهایش
بر دبدبه‌اش عنایتی کن
از کبکبه‌اش روایتی کن
این نکته به یار ساز معلوم
البته اگر نگشته مرحوم
محدود بوَد چو بنده را زیست
امید به پاسخش مرا نیست

خر در جردن

بوده است خری که دُم نبودش
روزی غم بی‌دُمی فزودش
گفتا که برای چارهٔ کار
آن به که روم به سوی بازار
زانجا بخرم برای خود دُم
آسوده شوم ز طعن مردم
از نقد ورا به کف چکی بود
زان بیش به خانه قَلکی بود
برداشت شکست قلکش را
هم خرد نمود آن چِکش را
زان بعد برفت پیشِ سمسار
نقداً بفروخت جُلّ و افسار

چون صاحب پول نقد گردید
با آن لب همچو لعل خندید
خر کِیف شد و سپس به تعجیل
خراطی خود نمود تعطیل(!)
با پول ز بهر دُم خریدن
فی‌الفور برفت سوی «جردن»
شد داخل یک مغازهٔ شیک
آکنده ز جنس‌های آنتیک
شد صاحب آن به پیشوازش
پرسید ز مطلب و نیازش
آن کاسب دون ز حیله پر بود
کوتاه کلام، گوش‌بُر بود
یک مرد خلاف آب‌دیده
چون طعمهٔ خویش دُم‌بریده
آری که ز کاسبان تهران
عمری‌ست که دِپرس است شیطان
البته نه آن که اهل تقواست
با پول حلال گرم سوداست
این دسته به یمن دین و ایمان
پاک‌اند و همه «حبیب رحمان»
ای درد و بلای این حبیبان
توی سر خیل نانجیبان!
خر گفت چنین به مرد کاسب:
هستم ز پی دُمی مناسب

آورد برای او دُمی چند
کای آهوی ماه‌روی(!) بپسند
برداشت، گذاشت، دست‌چین کرد
یک دُم ز میانشان گزین کرد
خر گفت که این دُمم پسند است
از قیمت آن بگو که چند است؟
گفتش که اگرچه نیست قابل
صد چوق بده تو در مقابل
خر گفت که من خرم نه خرپول
کن لطف و بگو بهای معقول
هست ارچه مرا ز بی‌دمی غم
بی‌فکر نباشم آن‌قدر هم
صد «را تو برای ما چهل کن»
از بابت باقی‌اش بحل کن
کاسب چو شنید حرف او را
سر داد تکان و گفت: رو را!
خواهی که دهی مرا چهل چوق؟
شرمنده!... برو جلو بزن بوق!
زین نرخ اگر تو دَم برآری
آن به که روی و دُم درآری
این شیک‌تر است از دم اسب
این چانه‌زنی است مانع کسب
کاین دُم که پسند خاطر توست
از خارجه آمده‌ست با پست

جنسش همه خارجی و اعلا
تولید سفارشی است ما را
هرچند که ورژن جدید است
این بیع به قیمت خرید است
این قسمت آن محل وصل است
این، جان داداش(!)، اصل اصل است
این را نخری اگر، بوَد حیف
عمراً نشوی دوباره خرکیف!
صد در صد این عتیقه چرم است
بردار و ببین چقدر نرم است
دَم زد ز دُم و نمود تعریف
خر شیفته شد بر آن اراجیف
القصه، ز بعد این مطالب
دُم را به خرک نمود قالب
آن‌قدر بگفت تا خرش کرد
البت خر بود، خرترش کرد
زین‌گونه برید گوش خر را
مغبون بنمود «جنس خر» را
خر دُم بگرفت و بست بر خود
گفتا که شدیم «دُنب سَرخود»!
در آینه دید هیئتش را
از یاد ببرد قیمتش را
هر نقد که داشت توی خورجین
رو کرد و بریخت روی ویترین

از شادی خویش یک دهن خواند
گویی آواز در چمن خواند
تحریر حریروار عرعر...
عالم شده مات «سولفژ» خر
با شوق ز لُپ آن دغل‌باز
یک ماچ گرفت با بسی ناز
خر با دُم آکبند و تازه
زد بیرون از در مغازه
گه یورتمه رفت و داد ویراژ
گه رفت به‌زعم خود دِرَساژ(!)
آمد چو سمند از پی تک
انداخت ز فرط شوق جفتک
با جفتک اولی که انداخت
کار دُم آکبند خود ساخت
دررَفت همه سجافش از هم
واشُد همه کوک‌هاش از دَم
شد کنده دُمش به کل ز دُمگاه
جمعی به نظاره گرم قاه‌قاه
بیچاره خرک میان «جردن»
می‌خواست ز فرط شرم مردن
هم دُنب نیافت آخر کار
هم «گوش‌بریده» شد به بازار
مسکین خرک آرزوی دم کرد
نایافته دُم دو گوش گم کرد

نامه تهران بزرگ به طهران قدیم

الا ای کودکی‌هایم کجایی؟
کجا شد راه و رسم آشنایی؟
اگر از مخلصت جویای حالی
به غیر از دوری‌ات نبوَد ملالی
شوم قربان تای دسته‌دارت
منم در حسرت آن روزگارت
به غیر از چند عکس نصفه‌نیمه
ندارم سهم از ایام قدیمه
در آغوش طبیعت بودم آن روز
چه آسوده! چه راحت بودم آن روز!
تمام اهل تهران بنده را اهل
روند زندگی‌شان ساده و سهل

تمام خواب‌هایم بود رنگی
کجا رفتی عمو شهر فرنگی؟!
نمی‌دانستی آخر مرد چوپان
چراگاه تو را بلعد اتوبان
هوای گلّه بود و بیم گرگت
چه‌ها آمد از این مار بزرگت
کجا شد باغ و دشت و سیر و گل‌گشت
شدم تهران، ابرشهر درندشت
یهو زرت مرا قمصور کردند
مرا از سادگی‌ها دور کردند
به جای صرفه‌جویی، خودکفایی
تجمل آمد و مصرف‌گرایی
دگر گم شد چه لوطی و چه مرشد
کجا آواره گشتی بچه‌مرشد؟!
مدرنیته برایم دوخت پاپوش
خدایا گیوه‌های خوشگلم کوش؟!
خیابان‌های من گرچه شده شیک
به زنجیرم کشیده این ترافیک
فکنده رشته‌ای بر گردنم دوست
که دائم می‌کَند از کله‌ام پوست
به یکباره کجا گشتند پنهان
کجاوه، پالکی، هودج، دلیجان؟![1]
ز بوق و دود خودروهای طرفه

---

۱. وسایل نقلیهٔ قدیمی، قبل از اینکه «کالسکه بخاری»(!) سر و کله‌اش پیدا شود!

شده حاصل مرا سرسام و سرفه
همه جا خوش نموده پشت رل‌ها
ز پا افتادم از دست اتول‌ها
ز دود و دم هوایم رنگ خاک است
دلم از بهر اکسیژن هلاک است
کجا شد آن سحرهای مه‌آلود
هوای پاکم آخر دود شد دود
کجا رفتند سقاخانه‌هایم
قناتی نیست دیگر از برایم[1]
دل این مردمان با مد عجین شد
همه تن‌پوششان تی‌شرت و جین شد
مد آن دوره حُسن خلق و خو بود
مرام خلق حفظ آبرو بود
کجا از شخص سی‌دی درمی‌آمد
از آن‌هایی که دیدی درمی‌آمد
کجا شد لوطیان بامرامم
جوان‌مردان مرد و نیک‌نامم
جوان‌مردان تهی کردند منزل
به جایش آمد اوباش و اراذل
از آن‌سو هر که نامم را شنوده
به‌سرعت جانب من رو نموده
به ذوق و شوق بسته بار و بندیل
شده آویز بنده عین قندیل

---

۱. آب طهران از این قنات‌ها تهیه می‌شد و در هر محله سقاخانه‌ای بود.

به زعم خود پی کسبی مناسب
وبالم گشته با یک شغل کاذب
از آن‌سوتر در این هاگیر و واگیر
سیاست آمده داده به ما گیر
ز دعواهای حزبی و سیاسی
بگیرم گاه سردرد اساسی
جناح و حزب‌های جورواجور
نموده حال ما را سخت ناجور
میان این و آن گردد زد و خورد
ولی از من دک و دنده شود خرد
چو وقت انتخابات از ره آید
ز غوغایش مرا زحمت فزاید
شوم داغ از تنور انتخابات
نمی‌دانم چرا !Some like it hot؟[1]
مرا زین تاب روزافزون تب آید
که جانم از سیاست بر لب آید
بچسبانند تهمت بر رقیبان
که افزون‌تر شود رأی حبیبان
که از روی رقیبان آب بردن
شده الساعه عین آب خوردن
موادّ لازم پرونده‌سازی
دو من تهمت، سه قطره چسب رازی

۱. کمدی معروف «بیلی وایلدر»، بعضی‌ها داغشو دوست دارن!

کنون القصه آرامی ندارم
از آن ایام جز نامی ندارم
الا ای یاد تو یار و ندیمم
به قربان تو طهران قدیمم
بکن لطفی برای آشنایت
مگیر از من خیالت را، فدایت!
مرا با یاد خود دمساز گردان
به شهر خاطراتم بازگردان

شیطان در کپنهاگ

در پاسخ به توهین برخی جراید اروپایی به نبی مکرّم اسلام(ص)

آن شنیدستم که شیطان لعین
با خودش می‌گفت یک شب این‌چنین:
بس که شیطان زاد از جور و فساد
این زمان گشته‌ست بازارم کساد
این‌طرف «بوش» آمده ما را رقیب
آن‌طرف‌تر صهیونیست نانجیب
جملگی با شیطنت‌های خفن
گشته‌اند استاد من در فوت و فن
من به خود باید دهم قدری تکان
بگذرم از خیل شیطان‌زادگان
رفت و از دجّال خر را قرض کرد
در گمان خویش طیّ‌الارض کرد

تا خرش را در اروپا پارک کرد
رو به سوی کشور دانمارک کرد
یافت آنجا یک گروه نابه‌کار
ظاهراً انسان و در باطن حمار
عده‌ای گمراه از روز ازل
جمله «کالاَنعام» ... نه ... «بَل هُم اَضَل»
چون که شیطان رفت توی جلدشان
یافت آنجا از رقیبانش نشان
دید که یک ساعت از او زودتر
گشته‌اند آنجا رقیبان مستقر
یک سو امریکا و یک سو صهیونیست
گفت با خود: جز تعامل چاره نیست
گفت: یاران، بنده را مأوا دهید
در کنار خود مرا هم جا دهید!
من به اِغوا و شماها با «کرون»[1]
دین حق را برکنیم از بیخ و بن
پاسخش دادند: بهر قلع و قمع
آمدی و جمع ما گردید جمع
تا که دین احمدی گردد تباه
جمله همدستیم اینک یا اَباه(!)
جلد آن عده مقر هر سه شد
از سه شیطان وضعشان آخر سه شد!

۱. کرون: واحد پول دانمارک.

فارغ از افعال انسانی شدند
عامل افکار شیطانی شدند
ذاتشان بی‌بته و بی‌ریشه بود
جنسشان لبریز خرده‌شیشه بود
پخته در سر این خیال خام را
تا بکوبند این زمان اسلام را
آن گروه نابه‌کار و اجنبی
جمله رو کردند بر هجو نبی
از مسلمانان بیدار و بهوش
در زمان آمد بسی بانگ و خروش:
کای خسان، این نور نور سرمدی است
این فروغ شمع شرع احمدی است
سالش افزون از هزار و چارصد
نارسیده تا کنونش چشم بد
شمع را خواهید اینک پف کنید؟
ای الهی چون جنازه پف کنید!
سوخت گر امروزه زین پف ریشتان
هم بسوزد ز آتش حق ریشه‌تان
سوق لعل و «من یزید» خار و خس؟
عرصهٔ سیمرغ و جولان مگس؟
شب‌پره بر هور هتّاک آمده
بوی شیطان از «کپنهاک» آمده
ابلهان، ای ابلهان کلّه‌پوک
دست امریکا شما را کرده کوک

داده اسرائیلتان بر کف قلم
ای که دستان شما گردد قلم
هجمه‌تان بر جملهٔ ادیان جفاست
«نام احمد نام جمله انبیاست»
هم ز سوی رهرو عیسی شنو
هم ز سوی پیرو موسی شنو ـ
یک‌صدا گویند با بانگ فصیح:
بر شما نفرین موسی و مسیح!
تا که دستان شما قوم پلید
بشکند ای بولهب‌های جدید!
کی جواب ابلهان خاموشی است؟
گاه پاسخ یک عدد توگوشی است
بر دهان مشتی و زیر گوش چک
نیست گاهی یک دو تیپا هم بدک
تا که دریابند این اشباح دون
طعم توهین بر نبی، بی چند و چون
تا بدانند این اراذل یکسره
از سه کیلو ماست میزان کره(!)

●

بوالفضولا، یک «مَثل» داریم توپ
پُست کن آن را به ارباب یوروپ
در جراید تا کنند این‌گونه چاپ:
مه فشاند نور و سگ هم هاپ‌هاپ!

تراژدی گرگ و دیو

آن شنیدستم که یک قلّاده گرگ
این چنین می‌گفت با بابابزرگ:
ای فدای هیبت آن پوزه‌ات
من هلاک آن طنین زوزه‌ات
ما غلافیم و تو شمشیری هنوز
گرچه پیری، عینهو شیری هنوز
گرچه یک سالی است عینک می‌زنی
باز هم بر گلّه پاتک می‌زنی
پای تو هرچند دارد آرتروز
وقت حمله لیدر مایی هنوز
از شبیخون تو عاصی شد شبان
هم سگش را از تو بند آمد زبان

شد شبان از حملهٔ تو دیده تر
نیست گرگی از تو باران دیده‌تر
اشکمت از طعمه‌ها فول آمده
مسکن شنگول و منگول آمده
بزبز قندی دگر ول مَعطل است
همچو قندی در بزاق تو حل است
تا ز دندان تو برقی دیده شد
شاخ او چون شاخه‌ای خشکیده شد
کله‌اش را سخت کوباندی به طاق
پس زدی آن را به دیوار اتاق
ای به هیبت گرگ و در هیکل چو میش
عقل تو از «حبّهٔ انگور» بیش
از جنابت پرسشی دارم کنون
تا مرا از لطف باشی رهنمون
در جهان خون‌خوارتر از جنس ما
هست آیا ای بزرگ گرگ‌ها؟
این چنینش داد پاسخ گرگ پیر
حالی این کاغذ بیا از من بگیر
یک نشانی من نوشتم روی آن
در پی پاسخ روان شو سوی آن
گر چنین مشتاقی از بهر جواب
پاسخ خود را برو آنجا بیاب
با دو صد شور و شعف گرگ جوان
آن نشانی را گرفت و شد روان

رفت و رفت و رفت گرگ بی‌قرار
گاه با ماشین و گاهی با قطار
پرس‌پرسان رفت و بر مقصد رسید
چشم او شد چار تا از آنچه دید
در میان دود یک دیو پلید
فرت‌فرت از چنگ او خون می‌چکید
دم به دم از نای آن اعجوبه‌دیو
چون صدای رعد می‌آمد غریو
کرده دندان در تن مردم فرو
می‌درید از خلق بیچاره گلو
خونشان را ریختی بر روی خاک
بعد کردی دسته‌جمعی در مغاک
کار مردم ضجّه بود و آه بود
اشکشان با خون دل همراه بود
رفت تا نزدیک او با اضطراب
گفت: پوزش حضرت عالی‌جناب!
انت مَصّاصُ الدّماءِ العاطفه!
انت سلطانُ الذِّئابِ الخاطفه!
ما به پیشت کمتر از یک ذرّه‌ایم
گرچه خود گرگیم، اینجا برّه‌ایم
بهر پایان‌نامه تحقیقی مراست
چشم این بنده به یاری شماست
چون شما از جنس گرگان نیستی
خود بگو عالی‌جنابا کیستی؟

من ندیدم این‌چنین وحشی‌گری
تو ز مایی یا ز جنس دیگری
ای تمام گلّه‌ها قربان تو
ما کم آوردیم پیشت، جان تو
چون تو خوان‌خواری به گیتی کس ندید
شد دراکولا به پیشت روسپید
ظاهراً هرچند می‌باشی دو پا
با بشر انگار داری فرق‌ها
لطف کن با من بگو نام تو چیست؟
نعره‌ای زد، گفت: نامم صهیونیست
این منم، من، شرّترین مصداق شرّ
دشمن حق، قاتل نوع بشر
گرچه در ظاهر شبیه آدمم
چون هیولا آتش آید از دَمم
عهد من خون‌ریزی و خون‌خواری است
ذات من از آدمیّت عاری است
بس جنایت در فلسطین کرده‌ام
قتل عام «دیر یاسین» کرده‌ام
گه جنایت‌کار «صبرا» می‌شوم
گاه دژخیم «شتیلا» می‌شوم
از فلسطین قصد لبنان می‌کنم
هر چه آبادی است ویران می‌کنم
با چراغ سبز امریکا کنون
خلق لبنان را کشم در خاک و خون

تا که بوش از ما حمایت می‌کند
دست‌های ما جنایت می‌کند
با وجود ما و شیطان بزرگ
اندر این دنیا چه جای جنس گرگ
گرگ‌ها کم‌کار و بی‌حس گشته‌اند
ننگ اسرائیل و یو. اس. گشته‌اند
با شما این اعتبار از دست رفت
آبروی هر چه خون‌خوار است رفت
این بگفت و چنگ خود از هم گشود
گرگ را ناگه ز جای خود ربود
تا به خود جنبید گرگ بینوا
دید خود را ناگهان پا در هوا
گفت با گرگ جوان دیو پلید:
این بلا بر جان تو از تو رسید
هر که باشد اهل تحقیق و سؤال
ما زنیم این‌گونه بر او ضدّ حال
ورنه پرسند این زمان اهل قلم
از هلوکاستی که گردیده علم
زنده‌زنده گرگ را بر سیخ کرد
قصه‌اش را ثبت در تاریخ کرد
با دَم خود پخت او را چون کباب
خورد و رویش نیز یک لیوان آب!

خواجه پیشی

دربارهٔ طرح عقیم‌سازی گربه‌های تهران

بلا دور از جنابت خواجه پیشی
شنیدم بعد از این بابا نمی‌شی
گرفتند و شما را اخته کردند
دکان عاشقی را تخته کردند
تو بودی فتحعلی شاه و به‌ناچار
شدی آغامحمدخان قاجار!
بمیرم از برای آن سبیلت
برای جسم و جان زخم و زیلت
نشو غمگین، فدای اخم و تَخمَت
اگر اخته نمودندت به ... هر حال!
لبت زین اختگی پرخنده باشد
که خود «پیش» آمدی فرخنده باشد

چرا نفرین و این‌سان گریه‌زاری
دعایی کن به جان شهرداری
همان بهتر در این عصر گرانی
مجرد باشی و تنها بمانی
چو شد از سر غم اهل و عیالت
شوی فارغ ز غصّه، خوش به حالت!
زمانی که شدی عاری ز مردی
ز بند مشکلات آزاد گردی
غم نان و معاش خانواده
توقع‌های یار پرافاده
ز عشق دلبری ناز و سه‌ساله[1]
اضافه‌کار در سطل زباله
«فدایت گردم» و آی لا و یوها
سر دیوار انواع میوها
برای حفظ او با صد فلاکت
جدل با گربه‌های بی‌نزاکت
برای شام فرزندان بیمار
بسی سگ‌دو زدن در کوی و بازار
اگر پایش بیفتد گاه، دزدی
(نه رسمی، همچو ماها، روزمزدی!)
میان بچه‌های تخس و پررو
به دام افتادن و خوردن ز هر سو!

۱. در ادبیات گربه‌ها، معادل معشوق چهارده‌سالهٔ ماست!

فرود سنگ روی پا و کله
کتک خوردن ز قصاب محله
مگر یابی ز جایی استخوانی
سر سفره گذاری تکّه نانی ...

•

از آن‌سو در غم مردی نزن زار
که دنیا گشته از این جنس بیزار
ز مردان برنمی‌خیزد بخاری
که افکندند مردی را به خواری
زمانه پر ز نامردی است پیشی!
که از مردی سبیلی ماند و ریشی
رها از آنچه می‌دانیم و دانی
برو لذت ببر از زندگانی!

رزومه انتخاباتی!

کاندیدا بودن آخ چه حالی داره!
حدس و گمون و احتمالی داره
کیف سخنرانی و قصه گفتن
یعنی زیاد گفتن و کم شنفتن:
کاندیدای مخلص و بامرامم
برگهٔ رأیت رو بکن به نامم
من خادم شمام و خاک پاتون
نطقای خوب‌خوب می‌کنم براتون!
اهداف من: تحول اساسی!
افکار من: اِندِ دموکراسی!
حامی من: یه آدم حسابی!
ستاد من: جنب چلوکبابی!
صورت من: نگو که عین ماهه!
سیرت من: محاسنم گواهه!

لباس من: پیرهن روی شلوار
جنس لباس: تلفیق چیت و چلوار!
مدرک من: مدیریت برخورد
محل اخذش: حومهٔ آکسفورد!
حالا یه خرده می‌گم از سوابق
کف نکنین، خلایق هر چی لایق
زمون شاه: مخفی و در تقیه
تو انقلاب: مشوّق بقیه
زمون جنگ: از نیروهای آنکال
توی صف نماز جمعه فعال!
جناح من: مخلوطی از چپ و راست
تعامل سیاسی، بی کم و کاست
راست اصول‌گرا، هموژنیزه!
دوم خردادی پاستوریزه!
با چپیا راست و حسینی جفتم!
با راستیام خدایی چپ نیفتم!
خوبه کسی بیاد به ما بد کنه؟
صلاحیت حاجیتو رد کنه؟
هر کی بهش دست بزنه، رد بشه
شاپره نیشش اگه زد، حقشه!
این ماشینو که افتاده به فس‌فس
هولش بدین تا برسم به مجلس
من خادم شمام و خاک پاتون
نطقای خوب‌خوب می‌کنم براتون!

مبحث ازدواج!

گاز بده، بردار پاتو از رو کلاج
بزن بریم تو مبحث ازدواج!
بذار داداش، قصه رو از سر بگم
از پدر و مادر دختر بگم
وقتی یه خواستگار می‌آد خونه‌شون
گرم می‌شه یه‌بارکی چونه‌شون
برای عقد و برا بعله‌برون
شرط و شروطه که می‌ریزن بیرون
قبل از اینا یه عالمه سین جینه
می‌گن که رسم خواستگاری اینه
می‌گن: دوماد چن تا سواری داره؟
بگین توی بازاره یا اداره؟

اگه اداره‌جاتیه ... زت زیاد!
جسارته! ما خوشمون نمی آد
اگه ایشون راستکی کارمندن
ببخشینا ... جایی نگین ... می خندن
خواستگاری با شغل کارمندی؟
شتر رفته پی علاقه‌بندی!
اگه تو بازاره ... طلافروشه
نیشم اگه داره، واسه ما نوشه!
بس‌که همه فیس و افاده دارن
این‌جوری هی شرط و شروط می‌ذارن
هرکی می‌ره دنبال خواستگاری
با این شرط و شروط می‌شه فراری
درمی‌ره فوری با پدر مادرش
نیگا نمی‌کنه به پشت سرش
دیگه نمی‌خواد کارو دنبال کنه
می‌خواد بره مجردی حال کنه
آی بابا جون، که چن تا دختر داری
باید از این بهونه دس برداری
اگه از این فیس و افاده پر شی
دختراتو می‌ندازی توی ترشی!
دوماد خوب تو این دور و زمونه
موهبته، خدا خودش می‌دونه
یادت رفته موقع ازدواجت
خواستگاری‌ت، دهان هاج و واجت؟

یادت رفته موقع زن گرفتن
تموم دارایی تو صد تومن؟
گیر نده به جووونای محلّه
همّت و غیرت اگه باشه، حلّه
خواستگاری که مؤمن و کاریه
وجودش از دوز و کلک عاریه
اگه در خونه‌تو زد، تتق‌تق
بگو: مبارکه، به امید حق ...

هواپیماریاعی!

از این همه تأخیر تو زار و پکرم
در صحن فرودگاه تو دربه‌درم
بدبخت شدم، درآمد از تو پدرم
برگیر «هما»! سایهٔ خود را ز سرم

این بنده ز تأخیر تو علاف شده
یا صاف بگویم: دهنش صاف شده!
با برج مراقبت بگویید اکنون
روح از بدن آمادهٔ «تیک آف» شده!

گفتم: پس از این نخود، نخود، طیّاره!
هر کس برود خانهٔ خود طیّاره!
زین بعد نه من، نه تو، که دیگر نرخت
طیّارتر از خود تو شد طیّاره!

دزدید تو را و باعث بلوا شد
ناگه نقصی در موتورت پیدا شد
یک تیر به مغز خویش زد وقت سقوط
نادم ز ربودن هواپیما شد!

●

ای فکر سقوط تو همیشه جان‌کاه
ای جعبهٔ تو چو بخت این بنده سیاه
ترسم روزی از خلبانت شنوم:
لطفاً همگی آیهٔ «انّا للّه...»!

●

وقتی که به صد ادا به پرواز آیی
با ناز همی روی و با ناز آیی
از بخت خوش است از زمین برخیزی
از لطف خداست بر زمین باز آیی!

●

ای تخم دوزردهٔ هواپیمایی
ای بال‌زنان بهر درآمدزایی
از عمر مسافران خود می‌کاهی
بر نرخ بلیت خویش می‌افزایی!

●

آید خللی ز برف یا بارانت
یا نقص ز ناشی‌گری یارانت
ای کاش که نقص فنّی‌ات رفع شود
مانند دماغ میهماندارانت!

●

شرمنده شدم حسابی از لطف شما
احسنت به لطف بی‌حساب تو هما!
گفتم به «ارومیّه» بَری ما را لیک
با نرخ بلیت خویش بردی به کُما!

رباعیات سینمایی

هجر تو جفا سوی دلم send کند
چشمان مرا ز اشک چون «سند» کند
این فیلم عشق را سکانس وصلت
ای کاش که ختم بر Happy end کند!

●

تو غرّه مشو که چهره‌ات Top آمد!
بر جلد مجلّه لایق چاپ آمد!
هر جلوه که داشتی ز Make up آمد
یک خرده هم از لطف Photoshop آمد

●

با چهر «فوتوژنیک» و هالیوودی
عمری «سوپراستار» دل من بودی
تو عامل فتنه بوده‌ای چون «جودی»
من باعث خنده بوده‌ام چون «وودی»![1]

●

در صحنهٔ دل ز عشق ماکت زده‌ام
حرف دل خود صامت و ساکت زده‌ام
آغاز «پلان» بوسه را بی صحبت
با این دو لب خویش «کلاکت» زده‌ام

●

هرچند که در حسرت یک «توشات»م
مفتون «کلوزآپ» رخ زیباتم
عمری‌ست که با «ویزور» چشمم از دور
در قامت تو محو «لوکیشن»هاتم!

---

۱. ذکر خیری از «جودی فاستر» و «وودی آلن»!

خواجه اسکروج![1]

آن خواجه که راه دین به تلبیس زند
در روی و ریا طعنه به ابلیس زند
در خواب اگر به شهد انگشت کند
برخیزد و شست خویش را لیس زند

آن خواجه که از سخاوتش دم زده است
یک عمر لگد به گور حاتم زده است
یک فرصت سور اگر ز وی فوت شود
چل روز سیاه‌پوش و ماتم‌زده است

۱. اسکروج پیر (Ebenezer Scrooge) شخصیت خسیس و معروف داستان «سرود کریسمس»، اثر چارلز دیکنز، است که شکر خدا انواع فیلم‌ها و کارتون‌ها بر اساسش ساخته شده است. اگر نخوانده‌اید و ندیده‌اید، به نمونه‌های عینی آن در دور و بر خودتان رجوع فرمایید!

آن خواجه که جنسی به بها نفروشد
از کسب ربا قبای زر می‌پوشد
در بحر کرم نکرده انگشت فرو
آن بحر به مثل ناخنش می‌خوشد

آن خواجه که بس شهیر و برجسته شده
زاحصای منال خویشتن خسته شده
عمری است که دست‌های خشکیدهٔ او
چون ذمّهٔ ما به گردنش بسته شده[1]

۱. و لا تجعل یدک مغلوله الي عنقک ... (اسرا/ ۲۹)

در هجو فرعون

به حسنی مبارک نامبارک!
شکر که امسال آرزوی ما به حقیقت و او به زباله‌دان تاریخ پیوست!

روزی ز سر تو شوخ و شنگی افتد
میدان فراخ تو به تنگی افتد
از ضربهٔ اِخوان مسلمان در مصر
این قدرت قاهره به لنگی افتد

شد مصر اسیر نحسی‌ات ای بدذات
بر همچو تویی نام مبارک؟ هیهات!
زود است که از خروش اسلامی خلق
معدوم شوی شبیه انور سادات!

خود را منگر از همه‌کس بالاتر
کس نیست در این زمان ز تو رسواتر
دیدیم ابوالهول و در این هول و ولا
هم مردتر از تو بود و هم گویاتر!

•

برهان مسجّل تو را می‌خواهد
آن منطق مُجمل تو را می‌خواهد
فرعون جدید سرزمینت، خالد
تکبیر مسلسل تو را می‌خواهد

شب یلدا رسیده!

یک امشب را نخواب ای نور دیده

شب یلدا رسیده!

که خواب از چشم‌ها یکسر پریده

شب یلدا رسیده!

بکن کیف از سر شب تا سپیده

شب یلدا رسیده!

هجوم میهمانان گرامی

پی عرض سلامی

فزون‌تر بهر عرض احترامی

ـ و البت صرف شامی! ـ

جلوی درب منزل صف کشیده

شب یلدا رسیده!

تتق تق تق صدای کوبهٔ در

فک و فامیل همسر

فریبرز و مجید و دایی اکبر

تقی خان با سه خواهر

زری خاتون و مرجان و فریده

شب یلدا رسیده!

نگاهی زیرچشمی کن به آن‌ور

به حالات غضنفر

دو پرس و بعد از آن یک پرس دیگر

پس از یک ربع، از سر

تو گویی معده‌اش ترمز بریده

شب یلدا رسیده!

پس از شام اندر آن بزم شبانه

به شوری عاشقانه

هجوم آورده سوی هندوانه

پس از آن بی‌بهانه

به چاقو سینهٔ آن را دریده

شب یلدا رسیده!

ز بعد انهدام هندوانه

انار دانه‌دانه

ـ همان صد دانه یاقوت ترانه

که حفظ درس خوانه(!) ـ

دو تا را خورده، شش تا را مکیده

شب یلدا رسیده!

سوی پشمک سپس واکرده راهی

دو لپّی خورده گاهی

شده سیر و پس از شکر الهی(!)

از آن خواهی‌نخواهی

ز بهر مزمزه از نو مزیده

شب یلدا رسیده!

همه مبهوت آن حلواخورانش

به‌ویژه میزبانش

دودَستی هی تپانده در دهانش

نمی‌دانی چه‌سانش

به عمرش گوییا حلوا ندیده!

شب یلدا رسیده!

ز بهر میهمانان بوالفضولا

بخوان در وصف یلدا

مهیا کن بساط شادی ما

بدان این رسم زیبا ــ

به مثل عیده و چون ما سعیده

شب یلدا رسیده!

از یلدا تا نوروز!

شب یلدا ز راه آمد دوباره
بگیر ای دوست از غم‌ها کناره
شب شادی و شور و مهربانی است
زمان همدلی و هم‌زبانی است
در آن دیدارها چون تازه گردد
محبت نیز بی‌اندازه گردد
به هر جا محفلی گرم و صمیمی است
که مهمانی در آن رسمی قدیمی است
به دور هم تمام اهل فامیل
شده بر پا بساط میوه ـ آجیل
ز خوردن خوردنِ این شام چلّه
شود مهمان حسابی چاق و چلّه!

همه با انتظاری عاشقانه
نظر دارند سوی هندوانه!
نشسته با تفاخر توی سینی
کنارش چاقویی را هم ببینی
چو گردد قاچ‌قاچ آن هندوانه
شود آب از لب و لوچه روانه!
بساط خنده و شادی فراهم
پیامک می‌رسد پشت سر هم
جوانان آن‌طرف‌تر جوک بگویند
دل از گرد و غبار غم بشویند
کسی را گر صدایی نیم‌دانگ است
در این محفل پی تولید بانگ است!
زند با «ای دل ای دل» زیر آواز
ز بعد آن «هاهاها» پی کند ساز
ببندد چشم و جنباند سرش را
بخواند شعرهای از برش را
چنین با شور و نغمه ـ شعر و دستان
خرامان می‌رسد از ره زمستان
شمردم من ز چلّه تا به نوروز
نمانده هیچ، جز هشتاد و نه روز!
کنون معکوس بشمارید یاران
که در راه است فصل نوبهاران ...

مهمان چلّه

چون تیر رهاگشته ز چلّه شده‌ایم
مهمان شما در شب چلّه شده‌ایم
از برکت این سفرهٔ الوان شما
تا خرخره خورده، چاق و چلّه شده‌ایم

تبریک چلّه

میان دوستان افتاده‌ای تک
رخت هندونه، زلفت عین پشمک
برایت می‌زنم اینک پیامک:
شب یلدای تو ای گل مبارک!

آهای چارشنبه‌سوری

رسیدی و پر از شادی و شوری
آهای چارشنبه‌سوری!
شنیدم با جوانان جفت و جوری
آهای چارشنبه‌سوری!
شده فرهاد با فرزاد و هوشنگ
برای شب هماهنگ
پیامک می‌زند پروین به پوری
آهای چارشنبه‌سوری!
پس از سالی چتیدن یا پیامک
خوشا مهسا و بابک!
مزه دارد ملاقات حضوری
آهای چارشنبه‌سوری!

جوانان با مدل‌های فرنگی
پی خوش آب و رنگی
تماماً ناز و گوگوری مگوری
آهای چارشنبه‌سوری!
نمایشگاه انواع مدل‌ها
طراوت‌بخش دل‌ها
صفابخش اُناثی و ذکوری
آهای چارشنبه‌سوری!
بساط «سرخی تو، زردی من»
سر هر کوی و برزن
تو هم چون مردمان غرق سروری
آهای چارشنبه‌سوری!
مش اصغر توی چادر دیدنی شد
پی قاشق‌زنی شد
که باشد استتار اینجا ضروری
آهای چارشنبه‌سوری!
چراغ قرمز و ده حاجی فیروز
سیه‌روی و سیه‌روز
بگیرند از جماعت پول زوری
آهای چارشنبه‌سوری!
یکی از جیغ و داد اهل کوچه
کند دندان‌قروچه
بگوید: داد از این حد بی‌شعوری!
آهای چارشنبه‌سوری!

بر اعصابش زند یک‌ریز تقّه

هیاهوی ترقّه

ندارد بیش از این تاب صبوری

آهای چارشنبه‌سوری!

به فحش و لعن بر آبا و اجداد

مزاحم را کند یاد

شب آمرزش اهل قبوری

آهای چارشنبه‌سوری!

مقصر من نمی‌گویم تو هستی

ولی از بمب دستی

چه چشمانی که شد محکوم کوری

آهای چارشنبه‌سوری!

نمی‌دانم بهشتی یا جهنم

که کارت گشته دَرهَم

از این دیو و دد و غلمان و حوری

آهای چارشنبه‌سوری!

کنند آزارها با نام سرکار

گروهی مردم آزار

که دورند از ادب صد سال نوری

آهای چارشنبه‌سوری!

امید است اینکه با شادی معقول

همه خوشحال و شنگول

کنیم از شیوهٔ این عده دوری

آهای چارشنبه‌سوری!

نردبان ترقی!

نکوهش چرا چرخ نیلوفری را
بگیری از این چرخ اگر پنچری را!
بکن نام خود را قرین سیاست
بجوی اندر این عرصه نام‌آوری را
سری بین سرها درآر و از این ره
سریری بکن دست و پا، سروری را
برای تّرقی بکن پاچه‌خاری
مقامات استانی و کشوری را
پی اخذ یک پاره کاغذ، به جانت
مخر رنج کنکور سرتاسری را
درخت تو گر بار دانش نگیرد
غنیمت شمر مدرک سرسری را

دل هر جناحی که دیدی به دست آر
که طرفه رموزی است این دلبری را
مقاله بزن پر ز تمجید و تحسین
گهی این‌وری را، گهی آن‌وری را
برو داخل بازی حزب‌ها شو
بیاموز هم فن بازیگری را
اگر توی بازی شدی هفت‌تایی
مقصر بدان شیوهٔ داوری را
ز خاور الی باختر کن حواله
گه باختن اگزوز خاوری را
«ز عادل اگر عدل حاصل نگردد
حَکَم کن جهانگیر خان کوثری را»

●

الا شاعر ترک، سنّت‌گرا شو
به جای باگت مدح کن بربری را
تو که پارسی‌گویی و ترک، زنهار
مکن تَرک این تُرکی آذری را
بها ده ـ هم‌آواز با شهریاران ـ
زبان پرآوازهٔ مادری را ...

قصیده نوروزی

«نوبهار آمد و آورد گل و یاسمنا»
خرج این عید درآورد همی دخل منا!
پیش‌تر زانکه رسد کوکبهٔ مهمانان
نشد اینکه بگریزیم به دشت و دمنا
تا بجنبیم، یهو بر سرمان شد آوار
خیلی از پیر و جوان، خرد و کلان، مرد و زنا
تو نگو بهر چنین یورش سختی قبلاً
کل فامیل هماهنگ شده تلفننا(!)
اکرم و اعظم و گلچهره و منظر خاتون
صفدر و قنبر و حاج محسن و مشدی حسنا
عینهو لشکر تاتار بیاورده هجوم
عسگر گنده‌شکم در جلوشان صف‌شکنا

بر در خانه رسیدند و به رویش خواندند:
«عید را در سَفَرستیم و کنون در تِرَنا!»
قلی سورچران از دل و جان زد فریاد
گوییا رستم یل گشت یهو نعره‌زنا:
«کای فلانی د بجنب! این همه تأخیر مکن!
باز کن در که قدیمی شده این فوت و فنا»
عاقبت بازنمودیم و هجوم آوردند
له شد از بنده دم در عضلات بدنا
بچه‌ها بر سر من ریخته، فریاد زدند:
«رد کن این عیدی ما، بی چک و چانه زدنا»
«پانصدی» دادم و گفتند: «عمو، شرمنده!
دو تومن هست مظنّه، نه که پانصد تومنا»
الغرض از شکموهای قَدَرقُدرت شهر
گشت تشکیل به ناگاه یکی انجمنا
دیدم از جعبهٔ شیرینی و ظرف آجیل
پر شود جیب و سپس کیف ز بعد دهنا
شکم آن‌قدر ورم کرده ز انباشتگی
دو سه دگمه شده وا خود به خود از پیرهنا
گفتم آرام و متین: «بهر خدا رحم کنید
نه بر این مفلس بدبخت، که بر خویشتنا»
منّتی نیست مرا بر همگی‌تان، بالله
میهمانید و حبیبان حق ذوالمننا
لیک در موقع خوردن ز خدا یاد آرید
پرخوری نیست به جز وسوسهٔ اهرمنا»

هر چه گفتم نشنودند و دولپّی خوردند
تا از این راه درآمد یهویی کفر مَنا
عاقبت داد زدم: «ای همه از بیخ عرب
خوردن العید لَکُم، دلهره الخرج لنا؟
چه کسی گفت که با میوه و آجیل حقیر
خویشتن را خفه سازید به طرز خفنا؟
سهم هر شخص دو قاچ و سه نفر یک میوه
نه که هر شخص جداگانه شود پوست‌کَنا!
سال دیگر نخرم میوه و شیرینی عید
چارپایه بخرم با دو سه متری رسنا
شوم آونگ و از این هنگ خلاصی یابم
آن زمان که شود آزاد روانم ز تنا»
همه گفتند که عید آمد و شادی افزود
لیک بر بنده نیفزود به غیر از محنا
بوالفضولا بنگر حوصلهٔ تنگ مرا
ول کن این لحن سوسولانهٔ تن‌تن‌تننا
گر منوچهری از این دست بهاری می‌دید
دیگر از عید ندادی همه داد سخنا
گفتم: «ای یار ز نوروز مکن این همه داد
جای دیگر بطلب منشأ شرّ و فتنا»
چشم و هم‌چشمی و اسباب تجمل شده‌اند
جمله تحریف‌گر رسم و رسوم و سُننا
کاش و صد کاش که با خرج‌تراشی‌هامان
افتراجات(!) نبندیم به جشنی کهنا!

قصیده انتخابیّه!

کاندیداتور مطرح، از کلّ رقیبان سر
از نامزد اصلح یک خرده هم اصلح‌تر!
هم عارف و هم عامی گشتند مرا حامی
معروف به خوش‌نامی در باختر و خاور
ما را نبود وحشت از رد صلاحیت
قربان تو ای «هیئت»، مدیون تو ای «کشور»!
گرچه موتور مخلص گه‌گاه کند فس‌فس
امید که تا مجلس چرخم نشود پنچر!
با رأی فزاینده در دورهٔ آینده
ماییم نماینده، گر بخت شود یاور

من مردمی و نازم، خوش‌صحبت و طنّازم
به‌به که چه می‌تازم! احسنت بر این استر!
دی گفت ترازومان: «کای دلبر مهرومان
از غصهٔ محرومان کلی شده‌ای لاغر!»
من حامی نسوانم، جان بر کف ایشانم
من درد تو می‌دانم، پس رأی بده خواهر
من سرسبد گل‌ها، معشوقهٔ بلبل‌ها
محبوب تشکّل‌ها، یک دلبر سیمین‌سر(!)
«گه نعره زدی بلبل، گه جامه دریدی گل»
از عشق رخم، بالکل، آن قاطی و این پرپر
این علم و سواد من، این هوش زیاد من
اعضای ستاد من هستند بر این باور
خطاط و دو تا شاعر، تبلیغ‌گر ماهر
یاردانقلی و باقر، قربان‌علی و اصغر
از سعی اکیپ من خوشگل شده تیپ من
بنگر به تریپ من، این عکس شده محشر!
با این رخ چون ماهم در عکس چه دل‌خواهم
هم‌میهن همراهم، کن نام مرا از بر
ناز قلمت ای یار! بر برگهٔ رأی این بار
تو اسم مرا بنگار، پس لطف مرا بنگر
گر سوی ستاد آیی، شام است و پذیرایی
هنگام دسر چایی با بیسکویت مادر
از مکر رقیبانم هرچند پریشانم
من رستم دستانم، خالی نکنم سنگر

مزدور فرنگ آن‌ها، با بنده به جنگ آن‌ها
بس دنگ و دبنگ آن‌ها، بی‌شخصیت و عنتر!
گه دنگ و دبنگ آید، گه منگ و ملنگ آید
چون قافیه تنگ آید، شاعر به ... الی آخر!

گمشدگان سال نو!

صبح نوروز از رخت کسب سعادت می‌کند
سال می‌گردد که شاید چون تویی پیدا کند

(دانش مشهدی)

سال می‌گردد که شاید چون منی پیدا کند
شاعر طنّاز و با فوت و فنی پیدا کند
می‌رسد با نام من هر ساله این عید سعید
تا سعادت را ز نام چون منی پیدا کند
بلبل طنز است مفتون بهار طبع من
تا درون دفتر من گلشنی پیدا کند
«باز کردم بهر خود به‌به عجب نوشابه‌ای
کاش طبعم فرصت نوشیدنی پیدا کند!»
دختر ترشیدهٔ همسایه می‌خواهد هنوز
خواستگار خوشگل و جنتلمنی پیدا کند

یار «مادر»مرده می‌خواهد مبادا بعد عقد
در میان خانهٔ خود دشمنی پیدا کند!
تا نگردد زخم و زیلی همسرش از لنگه کفش
دوست دارد شوهر رویین‌تنی پیدا کند
در اداره یا که دانشگاه اگر کِیسی نیافت
موردش را توی کوی و برزنی پیدا کند
بنده هم در عالم همسایگی در خدمتم
گر بخواهد جفت لات و لُمپنی پیدا کند!
بس‌که این مادرزنم ماه است خواهم از خدا
بهر من امسال هم مادرزنی پیدا کند
مرد آن باشد که مانند طبیعت هر بهار
اول هر سال، نوپیراهنی پیدا کند!
دست من خواهد ز دامانش بگیرد ای دریغ!
نیستم خوش‌بین که آنجا دامنی پیدا کند!
«حرف را آنجا نباید برد، می‌ترسم یهو
شعر بنده حالت مستهجنی پیدا کند!»
ریزش مو دارد این دلبر، ولی خواهد دلم
در کویر کلّهٔ او خرمنی پیدا کند
از «بادی بیلدینگ» هم خیری ندیدم ای خدا
کاشکی این بنده‌ات هم گردنی پیدا کند!
نه، نشد، من نیستم، آیا روا باشد که یار
عاشق بی دست و پا و چلمنی پیدا کند؟
کار هر «من» نیست خرمن کوفتن، باید که عشق
از برای عاشقی سوپرمنی پیدا کند

این زمان بهر وصال یار باید ابتدا
عاشق بی خانه وام مسکنی پیدا کند
شاخهٔ گل را که حکماً اِند قرتی‌بازی است
ول کند، پس شاخهٔ تیرآهنی پیدا کند
شکرلله اجتماع ما به امنیت رسید
داش اراذل می‌رود تا مأمنی پیدا کند
کی دگر از نغمه‌های سی‌دی غیر مجاز
مجلس ما حال بشکن‌بشکنی پیدا کند؟
جمله ساغرها ز چایی پر شده است و توی شهر
مرد خواهم بادهٔ مردافکنی پیدا کند!
ریختم ابیات نامربوط را در کاسه‌ای
طبع شعرم می‌رود تا هم‌زنی پیدا کند
هر که در اشعار من گردد پی حرف حساب
کاهدان‌گردی کند تا سوزنی پیدا کند!

آب و برق!

جشنوارهٔ طنز نیروز!!

چون خانه‌های ابر که دارند آب و برق
در توربین دیده دو یارند آب و برق
هم نور دیده‌ها ز تو هم اشکشان ز توست
این خانه‌ها ز لطف تو دارند آب و برق
شمشیر آب‌دیدهٔ قبضت زند چو برق
زین قبضه قبض روح بیارند آب و برق
عمری‌ست در کنار هم و مؤنس هم‌اند
انگار در مثل دو «برار»ند آب و برق!
رام‌اند اگر به ایمنی خود بها دهی
ورنه ز جان دمار برآرند آب و برق
آیند با هزار مشقت به دست ما
از آسمان به خانه نبارند آب و برق

نیروی تو اگر نکشاند به زورشان
تا هیچ خانه ره نسپارند آب و برق
گه بین راه خسته و از پا فتاده‌اند
در سیم و لوله زار و نزارند آب و برق
هسته اگر ز خویش انرژی رها کند
کم پشت گوش خویش بخارند آب و برق
حق مسلّمی است انرژی هسته‌ای
این حقّ را ز کف نگذارند آب و برق
یک عده بی‌ملاحظه اسراف می‌کنند
از دستشان همیشه شکارند آب و برق
گاه از فشار مصرف این عده ذلّه‌اند
مضروب از این گروه فشارند آب و برق
گاهی به مثل اهل سیاست شبانه‌روز
تبلیغ کرده اهل شعارند آب و برق
در لوله برق و داخل سیم آب می‌رود
این روزها چه شعبده‌کارند آب و برق
از روی و چشم خلق روند و جهند و باز
بر حبّ خلق داعیه‌دارند آب و برق
شعرم ز آب‌داری خود تابناک شد
تا که بر این قصیده سوارند آب و برق
شد آب و برق مصرفی شعر من زیاد
در بیت‌بیت بنده قطارند آب و برق
خواهم من از خدا رقم سکته‌آوری
در پای قبض من نگذارند آب و برق

مشاعره و مجادله بابا طاهر و مامان طاهره!

طاهره:
دل مو خون شد از دست ته طاهر!
یه جو غیرت نوینُم از ته ظاهر
نشینی شرّ و ور گویی ته هر شو
چرا گشتُم زن اَین طرفه شاعر؟
طاهر:
بوره، ای مرگ، در پایت بمیرُم
که با این زن ز جان خویش سیرُم
ز دست طاهره دل خون شدستُم
به جان ته دیگه طاقت ندیرُم!
طاهره:
دلُم وا ته به غم‌ها مبتلا بی
الهی در دلت درد و بلا بی

به دستم یک النگو هم ندیرم
به جانم داغ سرویس طلا بی
طاهر:
غم دنیا به دل بیتوته ساجه
به جانُم شعله‌ای افروته ساجه
ز دست این زن و خرج و مخارج
دلُم رو چون دماغُم سوته ساجه
طاهره:
هنی نشناختی مو رو تِه بابا!
چو تِه بیغی حریف مو نشی یا
بشُم در محضر قاضی و فوری
بذارُم کل مهریه‌م رو اجرا!
طاهر:
الا ای طاهره، داغت بوینُم
الهی بر سر خاکت نشینُم
ز بس مقروض ریخت و پاشت استُم
سه ماه از سال مهمون اوینُم!
طاهره:
بشی ویلون و سرگردون الهی!
از این چک‌ها فتی زندون الهی!
به دادُم کی رسه جز ته نذونُم
ته دادِ مو از و بستون الهی!

طاهر:
زدستت طاهره، مو بی‌علاجُم
دیگه زین پس به میل تو نساجُم
«ملاقه در هوا هی گشت و هی گشت
بخورد آخر گرومبی بر ملاجُم»

واژه‌نامه

مو: ما
وا ته: با تو
هنی: هنوز
فتی: افتی
بوره: بیا
نساجم: نسازم
ساجه: سازد
نشی یا: نمی‌شود
وینم: بینم
نذونم: ندانم
ندیرم: ندارم
بشم: بروم
سوته: سوخته
افروته: افروخته
بی: باشد
شو: شب
نذونم: ندانم
نوینم: نبینم

اشعار منتشرنشده‌ای از م- امید (ماهواره امید!)

سمند کهکشان‌هایم، امیدم
مرا پرتاب کردند و پریدم
چنان اوجی گرفتم در سماوات
که دست آخر به قیمت‌ها رسیدم

●

ز هجرم چشم «زهره» خون‌فشان است
دل «ناهید» در سوز نهان است
چنان از عشق من بی‌تاب گشته
که «شمسی» بهر من «منظومه»خوان است

●

پریشب «دُبّ اکبر» با «قمر» بود
دلم را خنده‌هاشان نیشتر بود
برایش چشم‌غرّه رفتم از دور
ولی در «خرس گنده» بی‌اثر بود!

اگر دیدی ---

به مناسبت سال ۲۰۰۸ که از طرف سازمان بهداشت جهانی سال توالت(!) اعلام شد.

میان کوی و برزن تیره‌بختی
به خود پیچی، نگه داری به‌سختی
ز کمبود دبلیو. سی است در شهر
«اگر دیدی جوانی بر درختی ...»!

در مذمّت زبان!

ز دست دیده و دل هر سه فریاد
«ببخشین، سومی را بردم از یاد!»
بسازم خنجری نیشش ز فولاد
ببرّم سومی را، گردم آزاد!

جیغ و سلامت!

جیغ زدن برای سلامت زنان مفید است. (جراید)

منم زی‌زی و مشتاق ملامت
«بنازم اختصار این علامت!»
به فکر پردهٔ گوشم نباشی
تو جیغت رو بزن، جونت سلامت!

سرم عمری هراسان زیر تیغت
کبود از لطف‌های بی‌دریغت
ندیدم هیچ زن سالم‌تر از تو
یه پا مولتی‌ویتامین است جیغت!

تنم باشد کبود از لنگه کفشی
و یا از ناخن همچون درفشی
زَنم بهر سلامت، جای ورزش
کشد دائم سرم جیغ بنفشی!

دوبیتی‌های داغ!

برشته شد تنم از فرط گرما
دمت سرد ای کولر، لطفی بفرما!
ز بی‌پولان بگیر اینک سراغی
مزیّن کن اتاق خانهٔ ما

زگرما گشته‌ام بی‌تاب و بی‌حال
مرا نه «آبسال» است و نه «جنرال»
تو گویی چاره‌ای جز این ندارم
که شب‌ها را بخوابم توی یخچال

تن از فرط عرق گویی لب جوست
از آن‌رو آب‌پز گشته مرا پوست
ز من پرسی: «صدای شُرشُر چیست؟»
ز سر تا پا عرق می‌ریزم ای دوست

داش اراذل

این شعر حاصل استراق‌سمع است و گفت‌وگوی یکی از اراذل و اوباش با همکار نامحترمش، بعد از اجرای طرح امنیت اجتماعی؛ که ما به نظم کشیده‌ایم.

داش اراذل، می‌دونم حال ما میزون نمی‌شه
دیگه غدّاره‌کشی راحت و آسون نمی‌شه
باعث وحشت مردم تو خیابون نمی‌شه
نگو هیشکی حریف لات‌بازی‌هامون نمی‌شه
می‌گیرن هر کی رو که مطیع قانون نمی‌شه
داش اراذل، دیگه این تهرونِ تهرون نمی‌شه!

داش اراذل، چه کنیم؟ دور و زمونه شده بد
چاقو سهله، نمی‌ذارن بزنیم مشت و لگد
انتظام جون می‌آد و راهمونو می‌کنه سد
می‌بَرن محکمه، بعدش می‌بُرن حبس ابد

بی‌خیال! هیچ‌جای دنیا مث زندون نمی‌شه
داش ارازل، دیگه این تهرونِ تهرون نمی‌شه!

عربده سهله، می‌گن تو خیابون جیک نزنین
وقتی اعصاب قاطیه آروم باشین، تیک نزنین
چاقو رو تو سینه‌ها با فن و تکنیک نزنین
نزنین با قمه‌های تیز و فابریک نزنین
خب، اگه ما نزنیم، این‌جوری که خون نمی‌شه
داش ارازل، دیگه این تهرونِ تهرون نمی‌شه!

اونی که امنیتو تو شهرا تأمین می‌کنه
اگه گیرت بیاره، چوب توی آستین می‌کنه
رو هوا باتومه رو بالا و پایین می‌کنه
اگه چاقو بکشی، ریختتو همچین می‌کنه
گنده‌لات با دبدبه‌ش این همه لاجون نمی‌شه
داش ارازل، دیگه این تهرونِ تهرون نمی‌شه!

آخه بی‌قتل و جنایت چه جوری حال بکنیم
سوژه‌ها را واسه چی این همه دنبال بکنیم
چه جوری خرپوله رو با نقشه اغفال بکنیم
پولشو بگیریم و جنازه‌شو چال بکنیم
چاقومون سفره‌کن سیراب و شیردون نمی‌شه
داش ارازل، دیگه این تهرونِ تهرون نمی‌شه!

واسه رو کردنمون تو این بازی آس نداریم
واسهٔ قتل و جنایت دیگه احساس نداریم
راس می‌گن، توی شیکم یه رودهٔ راس نداریم
ذره‌ای شرم و حیا از احدالناس نداریم
دلمون بیشتر از این دِپرس و نالون نمی‌شه
داش اراذل، دیگه این تهرونِ تهرون نمی‌شه!

•

دیگه قانون اومده، گشته حریف لات و لوت
اگه لات‌بازی درآری، می‌گیره ظرف سه سوت
می‌بره، می‌گردونه کوچه به کوچه، کو به کوت
آفتابه می‌ندازه دور گردنت ـ گلاب به روت! ـ
بابا، اُفته آخه! لات آفتابه‌گردون نمی‌شه
داش اراذل، دیگه این تهرونِ تهرون نمی‌شه!

•

دیگه جرمای ما رو عالم و آدم می‌دونن
خیلیا طناب دارم واسه ما کم می‌دونن
ما رو نکبت می‌دونن، باعث ماتم می‌دونن
قبلنا شیر می‌دونستن، حالا شلغم می‌دونن
دیگه از عربده‌مون هیشکی پریشون نمی‌شه
داش اراذل، دیگه این تهرونِ تهرون نمی‌شه!

روبه‌رو، آماده باش!

مژده ای یاران من — انتخابات آمده
بهر ما باز این زمان — سور با سات آمده
کاندیدای ناز ما — چون هلوجات آمده
هم‌جناحی جان بیا — رهرو این جاده باش
روبه‌رو، آماده باش!

●

چند روزی با شما — دور هم عیش مدام
چنجه هنگام ناهار — بختیاری وقت شام
بعد، تخریب رقیب — با ادب، با احترام
ضربه هم گر می‌زنی — ضاربی افتاده باش!
روبه‌رو، آماده باش!

●

از برای گفتمان — نرم شو، خواهش بکن
احتیاطاً هم‌زمان — صبح‌ها نرمش بکن
بهر دور بازوان — دائماً ورزش بکن
همچو من میلی بگیر — در پی کبّاده باش
روبه‌رو، آماده باش!

بهر تبلیغات و نطق — گاه تا زنجان برو
بهر تخریب رقیب — جانب کرمان برو
خنده مثل پسته شو — سوی رفسنجان برو
گاه آبادان برو — گاه در آباده باش
روبه‌رو، آماده باش!

جز به فحاشی مکن — از دگر احزاب یاد
حزب آب و حزب خاک — حزب آتش، حزب باد
هان نیفتد از دهن — زنده باد و مرده باد!
بهر اعصاب رقیب — دائماً سنباده باش!
روبه‌رو، آماده باش!

کاندیدای ما چو هست — کاندیدایی بی‌نظیر
آخر کار آورد — رأی مبسوط و کثیر
چون که او رأی آورد — یا رئیسی یا مدیر
کی تو را گفته داداش — کارمندی ساده باش؟!
روبه‌رو، آماده باش!

همچو من از این نمد باش خواهان کلاه
مدح گو تا خوش شود حضرت عالی جناح(!)
بعد پیروزی سپس هر چه می‌خواهی بخواه
رانت‌ها را هضم کن عین آقازاده باش
روبه‌رو، آماده باش!

توپولف![1]

من هلاک تو و خاک زیر پاتم توپولف
من زمین‌خوردهٔ جعبهٔ سیاتم توپولف
کشتهٔ تیپ زدن و قـدّ و بالاتم توپولف
مردهٔ ریپ زدن و ناز و اداتم توپولف
قربـون اون نوسانـات صداتم توپولف
یه کلوم، ختم کلـوم، بنده فداتم توپولف

●

من هواپیما ندیدم این جوری ناز و ملـوس
می‌پری، پر می‌زنی روی هوا عین خروس
بذار ایرباس واست عشوه بیاد ـ دراز لوس ـ
بدگِلا چش ندارن ببینَنت خوشگل روس
قربون چشات برم، محـو نیگاتم توپولف

۱. البته بنا به تلفظ و رسم‌الخط روس‌ها (Туполев) باید تلفظ توپُلِف (Tupolef) صحیح باشد. حالا چرا ما آن را این‌قدر تُپُل تلفظ می‌کنیم نمی‌دانم!

یه کلوم، ختم کلوم، بنده فداتم توپولف
ما رو می‌بری نقاط دیدنی وقت فرود
گاهی وقتا سر کوه و گاهی وقتا ته رود
می‌فرستن همه تا سه روز به روحمون درود
می‌خونه مجری سیما واسه‌مون شعر و سرود
چرا ماتم می‌گیرن؟ مبهوت و ماتم توپولف
یه کلوم، ختم کلوم، بنده فداتم توپولف

وقتی عشقت می‌کشه گاهی با کله می‌شینی
به جای باند فرود، توی محله می‌شینی
یا می‌ری توی ده و رو سر گله می‌شینی
زودی مشهور می‌شی، رو جلد مجله می‌شینی
پی‌گیر عکسا و تیتر خبراتم توپولف
یه کلوم، ختم کلوم، بنده فداتم توپولف

می‌خوام از خدا که یک لحظه نشم از تو جدا
چون که وقتی باهاتم هی می‌کنم یاد خدا
بدون نذر و نیاز با تو پریدن، ابدا!
می‌کنم بعد فرود تموم نذرامو ادا
واسه جنّت بلیتت گشته براتم توپولف
یه کلوم، ختم کلوم، بنده فداتم توپولف

تو که هی رفیقای ایرونی تو یاد می‌کنی
کی می‌گه تو انبارای روسیه باد می‌کنی؟

ما رو پیک‌نیک می‌بری، سقوط آزاد می‌کنی
خدا شـــــادت بکنه، روحمونو شاد می‌کنی
بری تا اون سر اون دنیا(!) باهاتم توپولف
یه کلـــوم، ختم کلـــوم، بنده فداتم توپولف

شعر بی‌ربط[1]

ربطی به ادیسون ندارد
که خرمن‌های ما را برق می‌گیرد
ربطی به نیوتن ندارد
که سیب‌های ما از چشم بازار می‌افتند
ربطی به گالیله ندارد
که دلال‌ها می‌بَرند و زمین دور سرمان می‌چرخد
ربطی به پترُس ندارد
که فداکارانه از پشت میزت
انگشت در سوراخ سدهای افتتاح‌نشده می‌کنی!
ربطی به من ندارد
که در آستانهٔ انتخابات

۱. می‌خواستم این شعر را - به عنوان اولین تجربه ام در «شعر فرانو» تقدیم کنم به «اکبر اکسیر» عزیز، ترسیدم فرانو نباشد، شرمندهٔ اکبر آقا بشوم!

مشکلات کشاورزان را شعر کرده‌ای!

آتقی

هی می‌گفتی که می‌رم از این ولایت آتقی
بار و بندیلتو بستی در نهایت آتقی
گفتیمت نرو، نکردی هیچ عنایت آتقی
پند ما باد هوا!

کردی زود شال و کُلا

حتی گوش به حرف کدخدا نکردی آتقی
رفتی پشت سرتَم نیگا نکردی آتقی

●

عید اومد، بهار اومد، هیچ خبری ازت نشد
گفتیم این غنچهٔ دل وا می‌شه، عاقبت نشد
یه دو خط نامه هم از سوی تو مرحمت نشد
رفتی بی‌وفا شدی

بی‌خیال ما شدی

بی‌خیال رفقا، عیبی نداره آتقی!
کیلویی چنده وفا؟ عیبی نداره آتقی!

●

گفتیم اونجام که بری صُب تا غروب بیل می‌زنی
یا توی یه رستوران سُنبه به پاتیل می‌زنی
شنیدیم اما دم از ادامه تحصیل می‌زنی
آخر هوش و حواس!

بابا ای ول باکلاس!

طاق شده طاقت ما، چش‌انتظاریم آتقی
زودی دکتر شو بیا، طاقت نداریم آتقی

●

این روزا از آکسفورد و کمبریج صدات می‌آد
اهل ده می‌گن: «داره حلّال مشکلات می‌آد
بی‌سوات رفته و حالا داره باسوات می‌آد»
بکن اسفندا رو دود

کور بشه چشم حسود!

ده بالا تو کف علم و کمالت آتقی
یعنی باز گلی به گوشهٔ جمالت آتقی!

●

توی تهران نذاری یهو اسیرت بکنن
زبونم لال، ببرن یه جا وزیرت بکنن
دو ماه بعدش بزنن خرد و خمیرت بکنن
دودی کن عینکتو

رو نکن مدرکتو

تا نگن این پاره کاغذ در پیته آتقی
تو بپا خیط نکنی! که اوضاع خیطه آتقی

●

صد جوره قضابلا رو سرمون ردیف شده
ته جیبمون تمیز و خونمون کثیف شده
زود بیا که اقتصاد دهمون ضعیف شده
نمی آی، نامه بده

طرح و برنامه بده

قربون منگوله‌ای که رو کُلاته آتقی
دهمون منتظر تحولّاته آتقی ...

شاعر انجمن

شاعرم، شاعر شوریدهٔ این انجمنم
در مثل «سعدی» دورانم و شیرین‌سخنم
طبع «حافظ» شده شرمنده ز طبع خفنم
من منم، پادشه مملکت شعر منم
چه بگویم که در این عرصه چه‌ها می‌طلبم؟
شعر می‌گویم و معنی ز خدا می‌طلبم!

شارح آشفتهٔ ابیات پریشان من است
چند وقتی‌ست که دیوانه ز دیوان من است
چون خودش انجمنی بوده، ز یاران من است
بهر معنی همه‌جا دست به دامان من است
دامن خود ز کف دوست رها می‌طلبم
شعر می‌گویم و معنی ز خدا می‌طلبم!

غامض افتاده ز اشعارم اگر معدودی
کی به معنی برسد ذهنیت محدودی
آنک از کلهٔ خواننده برآید دودی
«سودی» ار شرح دهد، باز نبخشد سودی
معنی دعوی خود را به دعا می‌طلبم
شعر می‌گویم و معنی ز خدا می‌طلبم!

●

کم مرا، ای ادبا، خسته و دلگیر کنید
نه به تأویل گرایید و نه تعبیر کنید
از چه اشعار مرا این همه تفسیر کنید
که چنین در طلب معنی آن گیر کنید!؟
چه کسی گفت که آن را ز شما می‌طلبم؟
شعر می‌گویم و معنی ز خدا می‌طلبم!

●

گر کسی شعر طلب کرد، بسی ناز کنم
شعر خود در نظرش گلشنی از راز کنم
گویمش: اهل نه‌ای تا به تو ابراز کنم
بعد نوشابه هی از بهر خودم باز کنم
زمزم از آن شما، بنده «کوکا» می‌طلبم
شعر می‌گویم و معنی ز خدا می‌طلبم!

●

«شاعری طبع روان می‌خواهد» نَقل من است
«نه معانی نه بیان می‌خواهد» نَقل من است
قدّ یک متر زبان می‌خواهد، نَقل من است

ادعاهای کلان می‌خواهد، نَقل من است
درخور خویش مقامی بسزا می‌طلبم
شعـر می‌گویم و معنی ز خـدا می‌طلبم!

●

وزن موم است مرا، گر دگران راست حدید
کامل و مقتضب و وافر و مجتثّ و مدید
«شاعران جمله تلامیذ من‌اند» و چو مرید
من نه ... اصلاً «بروید از خودشان ب ... پرسید»(!)
حکم استادی خود از شعرا می‌طلبم
شعر می‌گویم و معنی ز خدا می‌طلبم!

●

شعر من قوت روان باشد و خوش‌طعم و لذیذ
زان سبب کرده مرا در همه اقلیم عزیز
حاسدان خون مرا تشنه به سوگند غلیظ
تا بخواهم ز خدا صحّت این قوم مریض
بهر این قافیه‌ها نیز شفا می‌طلبم
شعر می‌گویم و معنی ز خدا می‌طلبم!

شعر پدر! (رده سنی نونهال)

باباکه دیر می‌کنه
مامان جون مهربون
می‌زنه با ملاقه
توی سر بابا جون

این بابای مهربون
هر چی بگی می‌ارزه
مامان که جیغ می‌زنه
اون به خودش می‌لرزه

غذاهای بابا جون
یا بی‌نمک یا شوره
شب که مامان می‌خوابه
اون ظرفا رو می‌شوره!

بهش می‌گن همکاراش:
«فلانیِ زخم و زیل»
اما مامان جون می‌گه:
«مهربون زن‌ذلیل»

وقتی که آب می‌خوره
از بس که خیلی نازه
از مامان مهربون
زود می‌گیره اجازه

لباسامون پاره شه
زود اونا رو می‌دوزه
یا یهو داد می‌زنه:
«حالا غذام می‌سوزه!»

مامان بهش می‌گه: «هوی!»
من می‌گم اما: «بابا»
تولیدات بابا جون
ماست و کیک و مربّا

گرچه مامان جون من
از همه خیلی سره
بابام یه چیز دیگه‌س
یک مامان بهتره!

مناظره لامپ با شمع ---

«شبی یاد دارم که چشمم نخفت»
شنیدم که یک لامپ با شمع گفت
که ای آن که خاموش روی رفی
نباشد از این پس تو را مصرفی
به هر خانه‌ای پرتوافشان منم
به ظلمات شب ماه رخشان منم
ز «نیرو» مرا برق ارزانی است
از آن رو مرا روی نورانی است
درخشنده چون اختری روشنم
منم روشنی‌بخش شب‌ها، منم

تو خاموش، از هر کجا رانده‌ای
فراموش، در گوشه‌ای مانده‌ای
دگر دورهٔ تو به سر آمده است
که لامپی چو من در نظر آمده است
حساب من ای شمع با تو جداست
که یک لامپ را با تو بس فرق‌هاست
در این بین تا صحبت از فرق رفت
ز اقبال بد غفلتاً برق رفت
چو تاریک شد خانه، مانند غار
سر شمع روشن شد از اضطرار
شنیدم که می‌گفت با لامپ، شمع
که باشد مرا خاطری جمعِ جمع
میان من و تو بسی فرق هست
که نور من از خویش و بی برق هست
من از سوختن می‌شوم پر ز نور
تو از سوختن می‌شوی سوت و کور
من از غیر باشد حسابم سوا
تو وابستهٔ سیم و پا در هوا
به «نیرو» نباشد بسی اعتماد
که کس چون تو محتاج «نیرو» مباد!
ز «نیرو» بود لامپ را کاستی(!)
به هر لحظه‌ای کاو دلش خواستی
از آن رو از این پرتو گاه‌گاه
بیاید مرا خندهٔ قاه‌قاه!

نبیند یقیناً از این بیش خیر
کسی که چو تو متکی شد به غیر
چو نورم نه از لطف دیگر کس است
از آن رو مرا کورسویی بس است ...

تک‌بیتی‌ها ۱
کتاب حُسن در آیینه بوالفضول!
به مناسبت برپایی نمایشگاه کتاب تهران

حدیث سنّ تو از یادها فراموش است
کتاب حسن تو را سال نشر مخدوش است

●

کتاب حسن تو را شرح می‌کند انگار
که بلبلان همه جمع‌اند پای منبر گل

●

مداد دور لب و خطّ چشم ناکافی است
کتاب حسن شما را علاج صحافی است

●

در نمایشگاه دنیا غرفه غرفه گشته‌ام
هر کتابی رونوشتی از کتاب حسن اوست

●

کتاب حسنِ خودش را مگر در آینه خواند
که زیر چشم و لب خویش خط کشید: مهم!

●

ناشر خلقت کتاب حسن او را چاپ کرد
این عجب تیراژ آن محدود و در یک نسخه بود!

●

زبس که خط به لب و چشم می‌کشی ای دوست
کتاب حسن تو السّاعه نسخه‌ای خطی است!

تک‌بیتی‌ها ۲
دیوانه‌بازی!

دل دیوانهٔ من بر سر زلفش می‌گفت:
«چه دراز است خدایا شب تیمارستان!»

●

شکرلله کز دم باران و لطف آذرخش
آب و برق خانهٔ مجنون مهیا می‌شود

●

محمل لیلی شب از نزدیک مجنون می‌گذشت
خوش‌خیالی بین که پا شد گفت: «محمل، مستقیم!»

●

از کوچه درآمد و بیابانی شد
صد شکر جنون من سر عقل آمد

●

کم پریشان کن دلم را ای فلک در زلف یار
بر سر دیوانگان دیوانه‌بازی درنیار

●

ای دل ار در حسرت دشت جنونی، ابتدا
سنگ طفلان را میان کوی و برزن دشت کن

●

محمل لیلی گذشت از دشت با ابن‌السلام
طفلکی مجنون که «قانع شد» ... به جا پای شتر!

●

گشته این دیوانگی سرگرمی طفلان کوی
شأن من امروز کمتر از عمو پورنگ نیست!

●

می‌کند امشب به ضرب تیشه‌ای دشت جنون
افتتاح شعبهٔ دوم به نام «بیستون»

●

دشت تنگ آمد جنونم را، نهادم سر به کوه
در غم بالابلندم کار من بالا گرفت

●

دوش مجنون ساغری زد پیش خود گفتم: «بیا»
عاشقی، دیوانگی کم بود، مستی هم رسید!

●

گفتم: «ای مجنون از این دیوانه‌بازی درگذر»
پوزخندی زد که ای عاقل، مگر دیوانه‌ام؟

●

مرو امشب به کوی یار ای مجنون که می‌ترسم
وَنِ ارشاد را گیری به جای محمل لیلی!

●

شد وُحوش از دست مجنون ذلّه، دیدم چند بار
دُنب آهو را به جای کاکل لیلی گرفت!

تک‌بیتی‌ها ۳
بیت‌های لبریز!

در حیرتم که شهد مرا مست می‌کند
دیگر به بادهٔ لب تو لب نمی‌زنم

گفت: «از بهارِ بوسه لبم غنچه کی شود؟»
تا نام بوسه بر لب او رفت، غنچه شد

گرچه ز لطف روژ لب دلدار لعلی است
این شبه‌لعل اصل و خود لعل جعلی است

بر لب آوردی که مجنونی! ولیکن نیستم
ورنه در باب لبت دیوانگی‌ها داشتم

روزی شعار بوسه به لب بی تظاهرات
از خطّ قرمز لب تو می‌کنم عبور

وقتی به هم زدیم به ناگاه بوسه ریخت
گیلاس‌های لب چه لبالب ز باده‌اند!

بی بوسه قند خون من ای یار ثابت است
داد از لبت مراست که اصل دیابت است

چای یارم قندپهلو گر نباشد، گو مباش
بگذرد چون بر لبانش، قندپهلو می‌شود

گفتی: «لب و دماغم هستند هر دو زیبا»
البته فرقکی هست بین چغندر و قند!

«لب‌ترکن»ی برای لبانت خریده‌ام
لب ترکنی، بلای تو را نیز می‌خرم

پانسمان شد لب مجنون که شنیدم دیشب
بر لب ناقه نظر کرد و لب لیلا دید

False Smiles

Satire

By:

Saeed Soleymanpour Oroomi

2016

I0154941

www.ingramcontent.com/pod-product-compliance
Lightning Source LLC
LaVergne TN
LVHW041155080426
835511LV00006B/608

* 9 7 8 6 0 0 0 3 0 2 9 5 5 *